Katharina Elliger

# PAARE IN DER BIBEL

KATHARINA ELLIGER

# Paare in der Bibel

## Was damals alles möglich war

KÖSEL

*Für meine Kinder*
*Veronika und Tobias*
*und ihre Lebensgefährten*
*Wolfram und Andrea*

ISBN 3-466-36447-7


Druck und Bindung: Kösel, Kempten
Umschlag: Kaselow Design, München
Umschlagmotiv: HAP Grieshaber, Paar 1937, Holzschnitt.


1 2 3 4 5 · 00 99 98 97 96

*Gedruckt auf umweltfreundlich hergestelltem Werkdruckpapier*
*(säurefrei und chlorfrei gebleicht)*

# Inhalt

# Worum es geht

Jahrhundertelang waren Philosophie und Theologie Sache der Männer. Alle heiligen Schriften von den orientalischen Mythen über die Bibel bis zum Koran wurden von Männern geschrieben, alle Kommentare, alle theologischen Werke von ihnen verfaßt. Niemand kam auf die Idee, ihre Richtigkeit und Objektivität anzuzweifeln. Niemand nahm daran Anstoß, daß die Welt und ihre Probleme vom Mann her gesehen und gedeutet wurden und daß auch das Gottesbild vom Mann her geprägt war. Niemand revoltierte dagegen, daß Bild und Rolle der Frau, entsprechend ihrer gesellschaftlichen Stellung, patriarchalisch bestimmt waren. Und das bedeutete für die Frau nicht nur Unterordnung, sondern auch Abwertung, wie man an der traditionellen Schuldzuweisung an Eva exemplarisch sehen kann. Weil Eva sich im Paradies verführen ließ, vom Baum der Erkenntnis des Guten und Bösen zu essen, und Adam zu essen gab, brachte sie Sünde und Unheil in die Welt. So wurde die Eva der Bibel in der späteren kirchlichen Interpretation zum Symbol der Unzuverlässigkeit und Schlechtigkeit der Frau.

Mit dem Aufkommen der theologischen Frauenforschung Ende der 70er Jahre erhob sich Widerspruch gegen die männlich geprägte Theologie. Verschollene und verschwiegene biblische Frauentraditionen wurden zum Teil mit neuen methodischen Ansätzen ans Licht gebracht. Dabei besteht jetzt die Gefahr, daß die Frauen in den Fehler verfallen, den sie den männlichen Kollegen vorwerfen, wenn sie nämlich die alte einseitige Sicht durch ihre neue, aber ebenso einseitige ersetzen: Statt Überheblichkeit nun Selbstbehauptung. Auch damit ist nicht viel gewonnen. Entscheidend ist doch die zusätzliche Perspektive, die sich durch die Frauenfor-

schung gewinnen läßt. Denn von je mehr Seiten ich den Gegenstand betrachte, um so klarer und vollständiger wird er in Erscheinung treten. Jede Verabsolutierung ist hingegen vom Übel, denn sie verengt den Blick und führt zur Einseitigkeit und damit letztlich zur Verkennung des Gegenstands.
Durch die neue Blickrichtung der Theologinnen rücken nun auch die Frauen, die in den biblischen Texten begegnen, in den Mittelpunkt des Interesses. Gestalten wie Debora, Sara, Hagar, Tamar, Hanna, Batseba werden neu entdeckt und in ihrer Eigenart und gesellschaftlichen Bedeutung neu gesehen. Und dabei stellt sich heraus, daß sie keineswegs immer nur jene untergeordnete Rolle spielen, die man von der alten Gesellschaftsstruktur erwarten würde. Da gibt es bereits die »emanzipierte« Frau. Man denke an Mirjam, Rut, Tamar, Debora und manche andere. Aber diese Frauen stehen nicht außerhalb der Gesellschaft oder erheben sich über sie, und – das Erstaunliche – schon gar nicht stellen sie sich grundsätzlich gegen den Mann oder wollen ihn ersetzen. Von einem »Geschlechterkampf« ist in der Bibel nirgends die Rede, im Gegenteil, die Frauen der Bibel erreichen ihre Ziele nicht gegen, sondern mit dem Mann.

## Der Inhalt

So ist es naheliegend, auch einmal die Paare, von denen die Texte erzählen, genauer zu betrachten, nicht dieses männliche oder jenes weibliche Individuum, sondern Mann und Frau in ihrer Bezogenheit aufeinander, zu fragen, wie weit sie voneinander abhängig sind, wie sie miteinander verkehren, aufeinander zugehen oder sich entzweien, ob und wie sie Konflikte lösen, ob ihre Beziehungen zueinander nur ein Spiegelbild der damaligen patriarchalen Gesellschaft sind oder ob man bei ihnen so etwas wie Partnerschaft entdecken kann. Wie weit darf man (in unserem Sinn) von Liebe sprechen? Kurz: Die Interaktion von Mann und Frau sowie

ihre unterschiedlichen Ausformungen sollen im Mittelpunkt meiner Überlegungen stehen.
Es geht also um Paarbeziehungen. An acht Beispielen möchte ich diesen Fragen nachgehen. Die ausgesuchten Paare stammen alle aus dem Alten Testament. Ijob, David, Debora, Adam und Eva waren zwar vielfach Gegenstand von Untersuchungen, aber sie wurden wohl kaum als Lebenspartner gesehen. Bei den Beispielen handelt es sich meist um unbekannte Menschen, die zum Teil deshalb in der Bibel vorkommen, weil sie im Leben eines anderen großen Menschen eine Rolle spielten: der Dorfbewohner Manoach und seine Frau als Eltern von Simson, die Frau aus Schunem, weil der Prophet Elischa ihren Sohn vom Tod ins Leben zurückgeholt hat. Die Frau des Lot findet Beachtung, weil sie zur Erklärung eines Naturphänomens, der Salzsteinsäulen am Toten Meer, diente. Abgesehen von Manoach und vielleicht den beiden jungen Menschen im Hohenlied, gehören alle einer sozial höheren Schicht an. Einfache Leute finden in der Bibel nur Erwähnung, wenn sie für die »Heilsgeschichte« wichtig waren.
Nicht alle vorgestellten Paare sind Ehepaare. Nur David, Ijob, Manoach und Lot sind mit ihren Frauen verheiratet. Aber auch die anderen verbinden gemeinsame Interessen und Ziele. Es geht also nicht um die institutionell geregelten Beziehungen, etwa eines Mannes zu seiner Frau, seiner Nebenfrau, seiner Magd, sondern um die menschlichen Bindungen zwischen einem bestimmten Mann und einer bestimmten Frau.

## Zum Umgang mit der Bibel

Die Geschichten, die wir hier näher betrachten, liegen 2500 bis 3000 Jahre zurück. Sind sie deshalb überholt? Ja und nein! Die Bibel stammt aus einem anderen Kulturkreis, aus einer längst vergangenen Zeit. Ihr Denken, ihre Ansichten, vor allem ihre ethischen Vorstellungen, aber auch ihre anthropologischen Vor-

aussetzungen sind uns in vielen Bereichen nicht mehr nachvollziehbar.
Wir empfinden deshalb die Welt des Alten Testaments immer wieder als fremd und spröde. Aber diese Fremdheit der alttestamentlichen Texte – so sagt der Alttestamentler Erich Zenger – ist notwendig. Sie ist, »wenn man die neuere hermeneutische Diskussion bedenkt, zunächst einmal die Voraussetzung, um überhaupt in eine Auseinandersetzung mit den Texten geraten zu können« (Zenger 507). Wenn wir also die biblischen Texte befragen, gelingt das nur in einer vergleichenden Gegenüberstellung unserer heutigen und der damaligen Verhältnisse. Aus dieser Distanz heraus klärt sich unser Standpunkt. Wir können, was fremd ist, beiseite schieben, uns davon herausfordern lassen oder ihm zustimmen.

## Zur Methode

Generationen von Wissenschaftlern haben daran gearbeitet, über den zeitlichen, sprachlichen, kulturellen und religiösen Graben zwischen heute und damals eine Brücke zu bauen. Besonders wichtig wurde die historisch-kritische Methode. Sie hat sich seit etwa 200 Jahren unschätzbare Verdienste erworben. Ohne ihre mühsame Pionierarbeit wüßten wir wenig über den Ort und die Zeit, wo und wann ein Text entstanden ist, wenig über seine historische Gestalt, Gattung und Form. Die historisch-kritische Methode ist für jede wissenschaftliche Arbeit bis heute unentbehrlich.
Jedoch erschöpft sich Schriftauslegung nicht darin, den literarisch ursprünglichen Sinn zu erschließen und die historischen und religionswissenschaftlichen Zusammenhänge herauszuarbeiten. Die historisch-kritische Methode schafft die sachlichen Voraussetzungen, um einen Text zu verstehen, aber sie hebt die innere Distanz des Lesers zur Bibel nicht auf. Sie füllt den biblischen Text nicht

mit Leben. Alle wissenschaftlich-theoretische Beschäftigung mit der Bibel bleibt unzulänglich, solange sie nicht den Menschen betrifft. Diesem Ziel dienen letztlich auch die neuen Ansätze, mit denen man die biblischen Texte dem Menschen zu erschließen sucht, etwa mit Hilfe der Tiefenpsychologie, der Textlinguistik oder der Soziologie. Die verschiedenen Wege und Zugänge schließen sich nicht aus, sondern ergänzen einander, und das ist gut so. Denn gerade die biblischen Texte sind oft recht komplizierte und vielschichtige Gebilde, bei denen viele Fäden zusammenlaufen und ein dichtes Geflecht oder Webmuster bilden können. Treffend hat Harald Schweizer von »Textilien« gesprochen (13). Da verbietet sich eine einseitige, allein auf ihre Richtigkeit pochende Deutung ganz von selbst. Es gibt keine Eindeutigkeit. Auch die hier vorgestellten Geschichten sind keine Produkte des Zufalls, sondern bewußt gestaltete Texte, darin Kunstwerken vergleichbar, daß sie nie voll ausgelotet werden können, sondern immer von neuem entdeckt, von neuem erschlossen werden wollen.

# Eine gute Ehe

## MANOACH UND SEINE FRAU

*(Richter 13)*

*2 Damals lebte in Zora ein Mann namens Manoach, aus der Sippe*
*der Daniter; seine Frau war unfruchtbar und hatte keine Kinder.*
*3 Der Engel des Herrn erschien der Frau und sagte zu ihr: Gewiß,*
*du bist unfruchtbar und hast keine Kinder; aber du sollst schwan-*
*ger werden und einen Sohn gebären. 4 Nimm dich jedoch in acht,*
*und trink weder Wein noch Bier, und iß nichts Unreines! 5 Denn*
*siehe, du wirst schwanger werden und einen Sohn gebären. Es*
*darf kein Schermesser an seine Haare kommen; denn der Knabe*
*wird von Geburt an ein Gott geweihter Nasiräer sein. Er wird*
*damit beginnen, Israel aus der Gewalt der Philister zu befreien.*
*6 Die Frau ging und sagte zu ihrem Mann: Ein Gottesmann ist zu*
*mir gekommen; er sah aus, wie der Engel Gottes aussieht, überaus*
*furchterregend. Ich habe ihn nicht gefragt, woher er kam, und er*
*hat mir auch seinen Namen nicht genannt. 7 Er sagte zu mir: Siehe,*
*du wirst schwanger werden und einen Sohn gebären. Trink jedoch*
*keinen Wein und kein Bier, und iß nichts Unreines; denn der*
*Knabe wird von Geburt an ein Gott geweihter Nasiräer sein, bis*
*zum Tag seines Todes. 8 Da betete Manoach zum Herrn und sagte:*
*Bitte, mein Herr, laß doch den Gottesmann, den du gesandt hast,*
*noch einmal zu uns kommen und uns belehren, was wir mit dem*
*Knaben machen sollen, der geboren werden soll. 9 Und Gott*
*erhörte die Bitte Manoachs. Der Engel Gottes kam noch einmal*
*zu der Frau, als sie gerade auf dem Feld war; ihr Mann Manoach*
*war nicht bei ihr. 10 Sie lief schnell zu ihrem Mann, um es ihm*
*mitzuteilen; sie sagte zu ihm: Eben ist der Mann, der damals zu*
*mir gekommen ist, wieder erschienen. 11 Manoach stand auf und*

folgte seiner Frau. Als er zu dem Mann kam, fragte er ihn: Bist
du der Mann, der mit meiner Frau geredet hat? Er antwortete:
Ja, ich bin es. 12 Da sagte Manoach: Wenn sich nun dein Wort
erfüllt, wie sollen wir es mit dem Knaben halten, was sollen wir
mit ihm tun? 13 Der Engel des Herrn antwortete Manoach: Die
Frau soll sich vor all dem hüten, was ich ihr gesagt habe. 14 Nichts,
was vom Weinstock kommt, darf sie genießen; weder Wein noch
Bier darf sie trinken und nichts Unreines essen. Alles, was ich ihr
befohlen habe, muß sie beachten. 15 Manoach sagte zum Engel des
Herrn: Wir möchten dich gern einladen und dir ein Ziegenböck-
chen zubereiten. 16 Aber der Engel des Herrn sagte zu Manoach:
Auch wenn du mich einlädst, werde ich von deinem Mahl nichts
essen. Wenn du aber ein Brandopfer herrichten willst, bring es
dem Herrn dar! Manoach wußte nämlich nicht, daß es der Engel
des Herrn war. 17 Deshalb fragte Manoach den Engel des Herrn:
Wie ist dein Name? Wenn eintrifft, was du gesagt hast, möchten
wir dir gern Ehre erweisen. 18 Der Engel des Herrn erwiderte:
Warum fragst du mich nach meinem Namen? Er ist wunderbar.
19 Da nahm Manoach das Ziegenböckchen und brachte es zusam-
men mit einem Speiseopfer auf einem Felsblock dem Herrn dar,
der Wunder tut. 20 Als die Flamme vom Altar zum Himmel auf-
stieg, stieg der Engel des Herrn in der Flamme des Altars mit
empor. Als Manoach und seine Frau das sahen, warfen sie sich
zu Boden auf ihr Gesicht. 21 Von da an aber erschien der Engel
des Herrn dem Manoach und seiner Frau nicht mehr. Da erkannte
Manoach, daß es der Engel des Herrn gewesen war, 22 und sagte
zu seiner Frau: Sicher müssen wir sterben, weil wir Gott gesehen
haben. 23 Doch seine Frau entgegnete ihm: Wenn der Herr uns
hätte töten wollen, hätte er nicht aus unserer Hand Brand- und
Speiseopfer angenommen, und er hätte uns nicht all das sehen
und uns auch nichts derartiges hören lassen. 24 Die Frau gebar
einen Sohn und nannte ihn Simson; der Knabe wuchs heran, und
der Herr segnete ihn. 25 Dann aber begann der Geist des Herrn,
ihn umzutreiben im Lager Dans zwischen Zora und Eschtaol.

Bekannt ist eigentlich nur ihr Sohn, Simson, der Held. Seine Geschichten füllten schon die Schulbibeln: Er zerfetzt einen Löwen, erschlägt dreißig Männer auf einmal, sprengt Fesseln und bringt tausend Männer um, hängt die Stadttore von Gaza aus und schleppt sie auf den Berg und bringt schließlich eine Festhalle zum Einsturz, die Tausende von Menschen unter sich begräbt – die Abenteuer eines Helden. Man darf sie gewiß nicht für bare Münze nehmen. Genausowenig wie man Simsons Vorgeschichte historisch verstehen kann. Das alles ist nicht wirklich so geschehen, und dennoch enthält es tiefe Wahrheiten. Zum einen die Wahrheit der Märchen und Mythen, aber auch die Wahrheit menschlicher Befindlichkeiten und Beziehungen. Liebe, Freude, Trauer, Tod sind Erfahrungen, die alle Menschen immer machen und gemacht haben. Sie sind für alle gültig. Aber diese Erfahrungen finden je nach der Zeit und der Kultur, in der die Menschen leben, unterschiedlichen Ausdruck. Die Wirklichkeit des biblischen Menschen ist für uns heute weitgehend rekonstruierbar, die Lebensverhältnisse in gewisser Weise nachvollziehbar. Uns interessiert hier besonders die Frage, wie die Eltern Simsons zusammen lebten, wie sie miteinander umgingen, wie sie dachten, wie die Aufgaben, Rechte und Pflichten verteilt waren. Gab es bei ihnen so etwas wie Gleichberechtigung und Partnerschaft?

## Eine Frauengeschichte

Wie es sich für eine richtige Geschichte gehört, stehen am Anfang eine Situationsangabe und die Vorstellung der Hauptakteure. »Damals lebte in Zora ein Mann namens Manoach, aus der Sippe der Daniter.« Und sofort steuert der Text auch auf das Hauptproblem zu: »Seine Frau war unfruchtbar und hatte keine Kinder« (13,2). So fingen viele Geschichten im Alten Testament an. Es waren immer Frauengeschichten. Denn unfruchtbar zu sein war für die Frau eine Katastrophe. Da es um die Erhaltung und

Besitzstandwahrung von Sippe und Stamm ging, drehte sich alles um den Fortbestand der Familie des Mannes. Eine Frau galt um so mehr, je mehr Kinder sie hatte, und da kam es dann fast ausschließlich auf die Söhne an. Ohne Söhne hatte das Leben keinen Sinn, ja es wurde als Schande angesehen und der Frau als Schuld angerechnet. Deshalb ringen alle diese betroffenen und verachteten Frauen um Kinder. Sara ist bitter und stolz. Hanna weint und betet. Rahel fordert von Gott Söhne sogar wie ein Recht ein. Nur so ist dann auch die Erleichterung nach der lange ersehnten Geburt ihres ersten Sohnes zu verstehen: »Gott hat die Schande von mir genommen« (Gen 30,23), sagt Rahel. Gemeint ist die Schande der Kinderlosigkeit. So sieht es sogar noch Elisabet: »Der Herr ... hat mich von der Schande befreit, mit der ich in den Augen der Menschen beladen war« (Lk 1,25). Ohne Söhne ist die Frau ein nutzloses Glied in der Gesellschaft. Sie kann nichts zum Aufbau der Sippe und des Volkes Israel beitragen. Deshalb hängen Ansehen und Anerkennung für sie davon ab. »Ihre Söhne stehen auf und preisen sie glücklich, auch ihr Mann steht auf und rühmt sie« (Spr 31,28). Das ist der Traum und das Ziel jeder Frau. Fast könnte man meinen, Söhne seien ihr wichtiger als die Liebe ihres Mannes. »Bin ich dir nicht mehr wert als zehn Söhne?« (1Sam 1,8) fragt ihr Mann Elkana die untröstliche kinderlose Hanna. Offenbar nicht. Selbst wenn also Manoach seine Frau sehr geliebt hat, war diese ihr ganzes Leben lang von der Kinderlosigkeit geprägt. Das war belastendes Schicksal in Israel.

## Eine mythische Welt

Nun aber tauchen wir ein in eine mythische Welt. Ein Engel erscheint der Frau und sagt ihr: »Du sollst schwanger werden und einen Sohn gebären« (13,5). So etwas geschieht nicht in Wirklichkeit. Das ist die Manifestation einer Verheißung, wie sie in der Antike öfter vorkommt, auch in der Bibel. Sie weist auf einen außergewöhnlichen Menschen hin, der eine einmalig große Tat vollbringen soll. Ein Mythos soll ein rational nicht erklärbares Phänomen erklären und begründen und zugleich seine Bedeutung sichtbar machen. In der Regel ist mit ihm eine ätiologische und eine ontologische Aussageabsicht verbunden. Das heißt, er will zum Beispiel den Namen oder Ursprung eines heiligen Ortes erklären, oder er will die Zusammenhänge der Welt mit der eigenen Existenz verständlich machen. Darüber hinaus ist der Mythos der Versuch, religiöse oder psychische Erfahrungen zu vermitteln, die mit dem Verstand und den Sinnen nicht faßbar sind. Er macht also über eine numinos erlebte Wirklichkeit nicht beweisbare Aussagen, die dennoch den Anspruch erheben, wahr zu sein. Dazu ist er auf Bilder und Symbole angewiesen. Er spricht die Sprache der Träume und Märchen, eine Sprache, die sofort verstanden wird. Der Anfang einer mythischen Geschichte ist deshalb von ihrem Ende her zu verstehen.

In unserer Erzählung geht es letztlich darum, ein Stück israelitischer Geschichte verständlich zu machen, das der Erinnerung entschwunden ist. Wie war das in den Anfängen, als die israelitischen Stämme in Palästina eingewandert waren und sich mit den Philistern auseinandersetzen mußten, die dann für Jahrhunderte zum Erzfeind wurden? Und da wird vom Partisanen Simson erzählt. Sein Einzelkampf war der Beginn der Befreiung von den Philistern (13,5). Situiert wird seine Geschichte deshalb räumlich und zeitlich in das Grenzland des bedrohten Stammes Dan. Dieser hatte sich bereits nach Norden zurückziehen müssen. Nur ein Rest hatte sich in der Gegend um die Stadt Zora halten können. Das war etwa um 1100 v.Chr. Hier liegt der Ausgangspunkt unserer Geschichte: »Damals lebte in Zora ein Mann namens Manoach, aus der Sippe der Daniter« (13,2). Daß es Zora sein mußte, hatte noch einen anderen Grund. Hier wurde eine alte Heiligtumsgeschichte, die mit einem Engel zu tun hatte, angesiedelt.

Auch Simson selbst ist keine historische Gestalt. Im Volk umlaufende Geschichten, Sagen, Anekdoten, Streiche, Rätsel, Lieder wurden mit seiner Person verknüpft. Deshalb finden sich bei seinen Heldentaten viele märchenhafte Züge mit magischen Elementen. Den Typ dieses Helden gab es im vorderasiatischen Raum schon lange vorher. Von der biblischen Geschichtsschreibung übernommen, wurde er in der Gestalt Simsons zum Retter Israels gemacht. Man war überzeugt: Ein Mann, der so große Taten vollbracht hat, muß von Geburt an etwas Besonderes gewesen sein. Viele herausragende Persönlichkeiten haben deshalb in der Bibel eine solche typische Geburtsgeschichte, außer Simson Isaak (Sara), Samuel (Hanna), Johannes (Elisabet), Jesus (Maria).

## Einbruch des Numinosen

Die Welt, in der Manoach und seine Frau lebten, könnte man idyllisch nennen. Zora war ein kleiner Ort. Jeder kannte jeden. Die Frau machte die Arbeit. Sie ging aufs Feld, holte Wasser, versorgte das Haus. Viel war nicht zu tun in diesem kinderlosen Haushalt. Der Mann ging auf den Marktplatz oder zum Stadttor, um mit anderen Männern zu reden und die anfallenden Entscheidungen für die Gemeinde zu beschließen, hin und wieder auch Streit zu schlichten. Natürlich ging er auch zum Gottesdienst und vertrat dort seine Frau. Sie müssen gut miteinander ausgekommen sein. Es gibt keine Andeutung für Schwierigkeiten in der Beziehung. Wie alt sie waren, wird nicht gesagt. Und es gab wenig Abwechslung in ihrem Leben. Ein bißchen Dorfklatsch und Gerüchte aus der großen Welt, die freilich auch beunruhigend sein konnten. Denn die aggressiven Philister ließen sie nicht in Ruhe. Es war alles überschaubar und einfach. Da bricht ein Ereignis in ihr Leben ein, das alles verändern sollte. Der Frau begegnet der Engel Jahwes. Trotz seiner eindeutigen Botschaft, die alles enthält, um ihn als eine Kontaktperson Gottes auszuweisen, bleibt seine Gestalt unbestimmt. Am häufigsten wird er »der Engel (wörtlich:

Bote) Jahwes« genannt, aber auch »Gottesmann« oder einfach »Mann«. Er erscheint der Frau, er kommt zu ihr, er wartet (als Mann) auf dem Feld, bis Manoach nachkommt, er spricht und antwortet, er verhält sich wie ein Mensch und ist doch kein Mensch, sondern »überaus furchterregend«, er ißt nichts, sagt seinen Namen nicht und steigt schließlich mit der Flamme in den Himmel auf.

## Die Rollen sind verteilt

Eine so bedeutende, unirdische Gestalt wendet sich an die Frau des Manoach, nicht an ihn selbst – wo er doch als Mann der Wichtigere ist, der den Überblick hat und weiß, wie man mit hochgestellten Persönlichkeiten spricht. Die Frau hat ja nicht einmal einen eigenen Namen, sie ist einfach »seine Frau«. Im alten Israel unterstand die Frau immer der Verfügungsgewalt des Mannes. War sie unverheiratet, so bestimmte der Vater über sie, war sie verheiratet, hatte der Mann zu befinden. Sie akzeptierte ihn als ihren »Herrn« (Baal), schließlich gehörte sie zu seinem Besitz, wie wir aus dem 9. Gebot wissen. So ist die Gesetzgebung (»Du sollst nicht begehren deines Nächsten Haus, du sollst nicht begehren deines Nächsten Frau, Knecht, Magd, Rind, Esel noch irgend etwas von dem, was ihm gehört«, Ex 20,17). Israelitische Frauen, die in der Bibel mit Namen genannt werden, sind bemerkenswerte Ausnahmen. Das sind Königinnen, Prophetinnen oder für die »Heilsgeschichte« wichtige Persönlichkeiten. Die Frau des Manoach gehörte nicht dazu. Diese Abhängigkeit der Frau vom Mann, typisch für das Patriarchat, hat etwas Kindliches an sich. Nicht nur gesellschaftlich, sondern auch anthropologisch und psychologisch. Eine Veränderung dieser Konstellation hätte die Auflösung der Beziehung zur Folge (etwas, was wir heute noch gut kennen). Deshalb ist die Frau des Manoach so bemüht, ihren Mann an dem Geschehen teilnehmen zu lassen, ihn zu unterrichten, hinzuzuziehen. Als Frau allein hätte sie niemals den Rückhalt gehabt, den sie bei der Bedeutung der Ereignisse brauchte. Ohne ihren Mann hätte der Plan Jahwes nicht verwirklicht werden können.

## Wie verhält sich Manoach?

Um so auffälliger ist es, daß Manoach einfach übergangen wird. Das ist in solchen Geburtsgeschichten nur noch bei Maria der Fall. Mit der gleichen Botschaft wendet sich der Engel sonst an die Männer, zum Beispiel an Abraham (Gen 18,10) und Zacharias (Lk 1,11-13). Obwohl ihm seine Frau wörtlich wiederholt, was »der Mann« ihr gesagt hat, ist Manoach sehr irritiert und nervös. Eindrücklich bittet er Gott, der Gottesmann möge doch noch einmal wiederkommen. Und als ob ihm seine Frau nicht schon alles gesagt hätte, begründet er das damit, daß er sie belehren solle, was denn mit dem Kind zu geschehen habe. Offenbar glaubt er nicht, was die Frau ihm erzählt hat. Er will es selbst hören. Aber warum glaubt er ihr nicht? Sicherlich, weil die Botschaft so ungeheuerlich ist, daß man einfach Mühe hat, sie zu glauben. Aber noch mehr wohl deshalb, weil alles, was Frauen sagen, nicht glaubwürdig ist. Frauen glauben Männer nicht. Das sieht man auch in den Auferstehungsgeschichten. Was die drei Frauen den Aposteln berichten, halten diese für ein Geschwätz (Lk 24,11). Und die Emmausjünger erzählen dem unbekannten Wanderer zwar vom Erlebnis der Frauen (24,22-24), lassen aber zugleich erkennen, daß ihr Bericht keinen Glauben bei den Jüngern gefunden habe. Frauen sind auch nicht zeugnisberechtigt. Was sie aussagen, muß niemand ernst nehmen. Aber gehört nicht der Zweifel auch zum Image des Mannes (vgl. Petrus, Thomas u.a.) wie die Unglaubwürdigkeit zum Vorurteil über die Frau? Man könnte diese Linie bis zu unserem heutigen Wissenschaftsverständnis weiterziehen. Fragen, theoretisch Denken, Forschen ist

Sache des Mannes; Frauen haben es da schwer, eine Position zu gewinnen.
Gott nimmt jedenfalls die Zweifel des Manoach ernst, man kann auch sagen, er nimmt die gesellschaftlichen Verhältnisse so ernst – zumindest ist es für den biblischen Schriftsteller unvorstellbar, daß der Mann Manoach nicht authentisch informiert wird -, daß er seine Bitte erhört. Auch das zweite Mal ist die Frau die Ansprechpartnerin für den Engel. Diesmal wird er als »Mann« bezeichnet. Damit wird das Schillernde dieses Boten Gottes besonders deutlich. Erfahrungswelt und Vision werden durch die Terminologie verschränkt (Görg 73). Der Engel wartet geduldig, bis sie ihren Mann geholt hat. Er bezeugt sogar seine Identität und die Richtigkeit des Geschehens, ja er wiederholt noch einmal die ganze Botschaft. Dreimal ist es nun gesagt. Einmal sagt es der Engel der Frau allein, dann sagt es die Frau ihrem Mann, dann sagt es der Engel beiden. In Märchen und Mythen ist die Zahl Drei eine wichtige, heilige Zahl, sie macht eine Sache oder ein Geschehen endgültig. Es läßt aber auch darauf schließen, wie bedeutsam diese Nachricht ist. Die Bedingungen, die der Engel stellt, sind so wichtig, daß sie dreimal gehört und bestätigt werden müssen. Wie bei einem Gesetz, bei dem es auf jeden Buchstaben ankommt, muß alles stimmen. Außerdem müssen es sich die beiden Leute genau merken. Die wörtliche Wiederholung hat, theologisch gesehen, zeichenhaften Charakter. Eine Antwort auf Manoachs Frage ist sie freilich nicht. Statt dessen nimmt sie seine Frau in die Pflicht – sicher ein patriarchaler Aspekt des biblischen Schriftstellers.
Nun wird der Mann aktiv. Das ist sein Feld. Er möchte sich bedanken und lädt den Engel zum Essen ein. Das ist fast so wie heute. Wenn einem jemand einen Gefallen getan hat, möchte man ihn nicht wieder so gehen lassen. Gastfreundschaft ist außerdem im Orient ein besonders hohes Gut und Höflichkeit eine orientalische Selbstverständlichkeit. Ausführlich wird in einer vergleichbaren Situation beschrieben, wie Abraham die drei Männer vor

seinem Zelt in Mamre empfängt und bewirtet. Er schlachtet ein prächtiges Kalb (Gen 18,7), bei ärmeren Leuten wie bei Manoach und seiner Frau tat es ein Ziegenböckchen.

Noch immer weiß Manoach nicht, mit wem er es zu tun hat. Deshalb fragt er nach seinem Namen. Manoachs Frau fragte den Engel nicht, wie er heiße noch wer er sei, weil sie sich fürchtete. Manoach aber fragt ihn. Es ist gleichsam seine Aufgabe zu fragen. Das ist ein dramatisches Stilelement der Geschichte. Erst mit dem Namen bekommt ein Gegenüber Gesicht und Identität. Wenn man den Namen einer Sache oder eines Menschen weiß, hat man einen Zugang zu ihm, dann ist er in gewisser Weise verfügbar. Die Frage »Wer bist du?« wird im Alten Testament öfter gestellt. Mose fragt Jahwe nach seinem Namen bei seiner Berufung und bekommt die Antwort: »Ich bin, der ich bin« (Ex 3,13f.). Jakob fragt den Nachtmahr, mit dem er am Jabbok um sein Leben gerungen hat, wie er heiße, ohne eine Antwort zu bekommen (Gen 32,29), und auch Manoach erfährt nicht viel: »Warum fragst du mich nach meinem Namen? Er ist wunderbar« (13,18). Aber »wunderbar« ist nicht der Name, sondern eine Eigenschaft des Namens (vgl. dazu Jes 9,5: »Wunderbarer Ratgeber«). Wiederum erhöht die Unklarheit das Ansehen des Engels. Wie soll man auch das Numinose benennen, das, was man nur erfahren, nicht aber definieren kann?

Selbst als der Engel das Gastessen zu einem Brandopfer für Jahwe umdeutet, merkt Manoach noch nicht, wen er vor sich hat, obwohl nun die religiöse Dimension deutlich wird. Ein Brandopfer ist immerhin eine Gabe, die Jahwe zum Dank angeboten wird, weil er der Urheber alles Guten ist. So sagt es auch der biblische Erzähler: »Er brachte es zusammen mit einem Speiseopfer auf einem Felsblock Jahwe dar, der Wunder tut« (13,19). Der Engel hat seine Mission erfüllt, er nimmt sich wieder zurück, er löst sich in Rauch auf. Nun verstehen die beiden, wer der Engel war. Wie sehr er als Manifestation Jahwes selbst verstanden wird, zeigt die Reaktion der Eheleute. Sie werfen sich auf ihr Angesicht zur

Erde. Das ist die einzig mögliche Art, auf eine solche Erfahrung zu reagieren. Kein Mensch kann leben, der Gott sieht. Davon ist der antike Mensch überzeugt. Bildhaft kommt das auch an anderen Stellen der Bibel zum Ausdruck, zum Beispiel in der Begegnung zwischen Mose und Jahwe in der Wüste. Auch hier geht es um Beweise, um Einsicht in die Pläne Jahwes. Mose will Jahwe schauen. Zwar kommt dieser ihm sehr weit entgegen, letztlich aber setzt er seinem Bedürfnis eine Grenze: »Kein Mensch bleibt am Leben, der mich sieht« (Ex 33,20). Das heißt nichts anderes als: Keine Religion, keine spirituelle oder esoterische Erfahrung, keine Selbstverwirklichung kann dem Menschen sein Bedürfnis nach Wahrheit und seine Sehnsucht nach Glück stillen. Der Zugang zur Transzendenz bleibt ihm verschlossen, es sei denn, er bezahle es mit dem Leben. Die Erfahrung, die Manoach und seine Frau mit dem Engel gemacht haben, war eine Erschütterung, die sie an den Rand ihrer Existenz gebracht hat. Insofern hat Manoach recht, wenn er sagt, jetzt müßten sie sterben. Sie haben ihr Leben verwirkt (vgl. Jes 6,5).

## Neues Leben für die Frau

Seine Frau jedoch ist realistisch. Sie argumentiert praktisch. Das ist verständlich, denn sie hat ja den göttlichen Auftrag zu erfüllen. Sie soll ein Kind gebären, das die Befreiung von den Philistern einleiten soll. Simson heißt »die kleine Sonne«. Aber das ist er nicht nur für Israel, er ist es auch für seine Mutter. Denn ihr wird ein neues, anderes Leben geschenkt. Sie wird befreit von der Schmach der Kinderlosigkeit, aber auch ihre innere psychische Sterilität wird aufgebrochen. Die Erscheinung des Engels ist nichts anderes als das Gewahrwerden ihrer inneren Möglichkeiten, die bis dahin verschüttet waren. Sie darf noch einmal anfangen und sich eine neue Existenz aufbauen. Im Zusammenhang mit der Kindheitsgeschichte Jesu sagt Drewermann: »In Wahrheit ist die

Erscheinung des Engels eine Möglichkeit, die in jedem Menschen liegt... Tiefenpsychologisch wird man in der Vision des Engelbildes gewiß ein Abbild unseres eigenen Wesens erblicken dürfen, eine Verkörperung der Gestalt, in der wir selber uns begegnen auf dem Wege unserer Reifung und Vollendung, und immer wird der erste Anblick dessen, wozu wir eigentlich berufen sind, wie etwas Vernichtendes in die Dämmerung unseres Lebens treten; denn selten wagen wir, an die Größe und Würde unseres eigentlichen Seins wirklich zu glauben, und es trifft uns stets wie etwas Unfaßliches, wie etwas alle Fassung Sprengendes, wenn der Schleier vor unseren Augen zerreißt und wir in unendlichem Abstand und zugleich in unausweichlicher Nähe zu uns selbst dem Urbild unserer eigentlichen Berufung gegenübertreten« (Drewermann 1; 37).

Diese Selbst-Erfahrung wird durch das Medium der Engelerscheinung als Gottes-Erfahrung verstanden. In der Tat hat ja auch so eine Erlaubnis zu neuem Leben eine religiöse Dimension. Von der Frau des Manoach wird sie ambivalent erlebt. Hier ist nicht nur von Freude die Rede. Die Situation ist auch furchterregend. Der Engel hatte Forderungen gestellt: Dem Sohn darf man das Haar nicht schneiden, wie er soll auch sie keinen Alkohol trinken, nichts Unreines essen. Wobei unklar bleibt, was mit dem Unreinen gemeint ist. Die Forderungen des Engels sind Ausdruck magischer Ängste. Sie haben mit kultischer Reinheit zu tun. Wegen der religiösen Komponente gelten die Bedingungen, die der Engel an Simson stellt, auch für seine Mutter. Auch ihr Leben ist »gottgeweiht«, auch sie soll enthaltsam leben (zur Lebensordnung der Nasiräer s. Num 6,2-7). Das Kind ist das Symbol für ihre eigene Neugeburt. Dies ist ein antipatriarchaler Akzent. Der Frau wird von Jahwe zugesagt, zu sich selbst in eine neue Beziehung zu treten, sie selbst zu sein. Man fühlt sich an das Gleichnis von der gekrümmten Frau im Evangelium erinnert (Lk 13,10-17). Daß die Mutter bereits nach den Bedingungen des Sohnes leben muß, drückt freilich noch etwas anderes aus. Sie lebt mit ihrem Sohn in einer symbiotischen Beziehung, die dann ja auch das Leben Simsons prägt.

## Gelebte Partnerschaft

Vom Mann ist nach seinem angstvollen Erschrecken nicht mehr die Rede. Es ist klar, wie hier die Rollen verteilt sind. Aber das liegt nicht nur daran, daß es hier um Geburt und Schwangerschaft geht, sondern es ergibt sich auch aus der gesellschaftlichen Situation und dem daraus abgeleiteten geschlechtsspezifischen Verhalten von Mann und Frau. Manoach hat wie jeder orientalische Mann in der Beziehung die Verantwortung, auch für die Frau. Deshalb muß er wissen, was los ist. Seine Frau muß es ihm berichten, sie tut es von sich aus. Und nun übernimmt er die Initiative. Er muß die Glaubwürdigkeit ihrer Aussage überprüfen, den Sachverhalt kontrollieren, deuten und die geeigneten Maßnahmen treffen. Er weiß, was sich gehört, er lädt den Engel ein. Es verläuft alles nach der Ordnung. Emotional freilich scheint er nicht sehr begabt zu sein. Er hat kein Gespür für das Numinose, keinen Zugang zum Spirituellen. Nur deshalb bricht er in panischer Angst zusammen, als er merkt – und er merkt es erst ganz zum Schluß –, daß er mit seinem Verstand und seiner Aktivität nicht mehr weiterkommt. Und wir erfahren nicht, daß dieses Ereignis sein Leben irgendwie verändert hat.
Seine Frau hingegen hält sich, wie es ihr entspricht, im Hintergrund. Sie schaut zu. Aber sie erkennt den Boten sofort als Gottesmann. Sie ahnt das Göttliche, sie spürt das Geheimnisvolle. Und aus diesem Gespür heraus verhält sie sich richtig. Sie fragt nicht nach seinem Namen. Sie hält die Begegnung mit dem Engel zweimal aus und bricht nicht zusammen, als er sich in Rauch auflöst. Vielmehr behält sie den klaren Kopf und damit den Überblick. Deshalb kann sie ihren Mann beruhigen und wieder aufrichten. Ihr wird auch die Chance der Veränderung zuteil.

Vom Ende her wird man sagen dürfen: Das Zusammenspiel beider Partner macht die Geschichte so reizvoll. Jeder lebt seinen Part, jeder hat seine eigenen Akzente, Qualitäten und Aspekte. Die Frau ist die psychisch Stärkere, der Mann der Tätige, aber in geradezu rührender Weise nimmt er seine Frau ernst und nimmt auch für sich die Botschaft des Engels an, so wie auch die Frau auf ihn Rücksicht nimmt, indem sie sich auf seine Langsamkeit im Begreifen einläßt. Zusammen haben sie ein Kind, zu dem sie stehen und für das sie Verantwortung tragen, bis es erwachsen ist. Die Atmosphäre in der Familie muß gut sein. Der Sohn hat Vertrauen zu seinen Eltern, sie diskutieren miteinander. Als Simson von seinem Entschluß, eine Philisterin zu heiraten, nicht abgeht, gehen die Eltern sogar mit zur Hochzeit. Und als die Ehe gescheitert ist, zieht er wieder nach Hause zurück. Zum Schluß wird er sogar im Grab der Eltern beigesetzt. Eine intakte Familie, basierend auf der guten Beziehung der Eltern.

# Kollegiale Zusammenarbeit

## DEBORA UND BARAK

*(Richter 4-5)*

*[4,1]Als Ehud gestorben war, taten die Israeliten wieder, was dem*
*Herrn mißfiel. [2]Darum lieferte sie der Herr der Gewalt Jabins,*
*des Königs von Kanaan, aus, der in Hazor herrschte. Sein Heer-*
*führer war Sisera, der in Haroschet-Gojim wohnte. [3]Da schrien*
*die Israeliten zum Herrn; denn Sisera besaß neunhundert eiserne*
*Kampfwagen und hatte die Israeliten zwanzig Jahre lang grausam*
*unterdrückt. [4]Damals war Debora, eine Prophetin, die Frau des*
*Lappidot, Richterin in Israel. [5]Sie hatte ihren Sitz unter der De-*
*bora-Palme zwischen Rama und Bet-El im Gebirge Efraim, und*
*die Israeliten kamen zu ihr hinauf, um sich Recht sprechen zu*
*lassen. [6]Sie schickte Boten zu Barak, dem Sohn Abinoams aus*
*Kedesch-Naftali, ließ ihn rufen und sagte zu ihm: Der Herr, der*
*Gott Israels, befiehlt: Geh hin, zieh auf den Berg Tabor, und*
*nimm zehntausend Naftaliter und Sebuloniter mit dir! [7]Ich aber*
*werde Sisera, den Heerführer Jabins, mit seinen Wagen und seiner*
*Streitmacht zu dir an den Bach Kischon lenken und ihn in deine*
*Hand geben. [8]Barak sagte zu ihr: Wenn du mit mir gehst, werde*
*ich gehen; wenn du aber nicht mit mir gehst, werde ich nicht*
*gehen. [9]Sie sagte: Ja, ich gehe mit dir; aber der Ruhm bei dem*
*Unternehmen, zu dem du ausziehst, wird dann nicht dir zuteil;*
*denn der Herr wird Sisera der Hand einer Frau ausliefern. Und*
*Debora machte sich auf und ging zusammen mit Barak nach*
*Kedesch. [10]Barak rief Sebulon und Naftali in Kedesch zusammen,*
*und zehntausend Mann folgten ihm hinauf. Auch Debora ging*
*mit ihm.*

11 Der Keniter Heber aber, der sich von Kain, von den Söhnen
Hobabs, des Schwiegervaters des Mose, getrennt hatte, hatte sein
Zelt an der Eiche von Zaanannim bei Kedesch aufgeschlagen.

12 Als man nun Sisera meldete, daß Barak, der Sohn Abinoams,
auf den Berg Tabor gezogen sei, 13 beorderte Sisera alle seine
Wagen – neunhundert eiserne Kampfwagen – und das ganze
Kriegsvolk, das er bei sich hatte, von Haroschet-Gojim an den
Bach Kischon. 14 Da sagte Debora zu Barak: Auf! Denn das ist
der Tag, an dem der Herr den Sisera in deine Gewalt gegeben
hat. Ja, der Herr zieht selbst vor dir her. Barak zog also vom Berg
Tabor herab, und die zehntausend Mann folgten ihm. 15 Und der
Herr brachte Sisera, alle seine Wagen und seine ganze Streitmacht
vor den Augen Baraks in große Verwirrung. Sisera sprang vom
Wagen und floh zu Fuß. 16 Barak verfolgte die Wagen und das
Heer bis nach Haroschet-Gojim. Das ganze Heer Siseras fiel unter
dem scharfen Schwert; nicht ein einziger Mann blieb übrig.

17 Sisera war zu Fuß zum Zelt der Jaël, der Frau des Keniters
Heber, geflohen; denn zwischen Jabin, dem König von Hazor,
und der Familie des Keniters Heber herrschte Frieden. 18 Jaël ging
Sisera entgegen und sagte zu ihm: Kehr ein, Herr, kehr ein bei
mir, hab keine Angst! Da begab er sich zu ihr ins Zelt, und sie
deckte ihn mit einem Teppich zu. 19 Er sagte zu ihr: Gib mir doch
etwas Wasser zu trinken, ich habe Durst. Sie öffnete einen
Schlauch mit Milch und gab ihm zu trinken; dann deckte sie ihn
wieder zu. 20 Er sagte zu ihr: Stell dich an den Zelteingang, und
wenn einer kommt und dich fragt: Ist jemand hier?, dann ant-
worte: Nein. 21 Doch Jaël, die Frau Hebers, holte einen Zeltpflock,
nahm einen Hammer in die Hand, ging leise zu Sisera hin und
schlug ihm den Zeltpflock durch die Schläfe, so daß er noch in
den Boden drang. So fand Sisera, der vor Erschöpfung eingeschla-
fen war, den Tod. 22 Da erschien gerade Barak, der Sisera verfolg-
te. Jaël ging ihm entgegen und sagte: Komm, ich zeige dir den

*Mann, den du suchst. Er ging mit ihr hinein; da sah er Sisera tot am Boden liegen, mit dem Pflock in seiner Schläfe.*

23 *So demütigte Gott an diesem Tag Jabin, den König von Kanaan, vor den Israeliten,* 24 *und die Faust der Israeliten lag immer schwerer auf Jabin, dem König von Kanaan, bis sie Jabin, den König von Kanaan, ganz vernichtet hatten.*

Das ist eine ungewöhnliche Geschichte. Und sie spielt noch dazu in einer Zeit, die man mit Recht patriarchal nennt. Ungefähr um 1150 v.Chr. hat sie sich ereignet. Es waren unruhige Zeiten, in denen es ums Überleben der eingewanderten israelitischen Stämme ging. Fast hätten sie resigniert. Da fordert Debora den Feldherrn Barak auf, gegen die Feinde Krieg zu führen. Barak macht zur Bedingung, daß sie mitzieht. Am Berg Tabor stehen sich die Heere gegenüber. Auf Deboras Befehl hin beginnt die Schlacht. Sie erringen den Sieg. Das Übergewicht der Kanaanäer ist gebrochen. Und damit entsteht bei mindestens sechs israelitischen Stämmen so etwas wie ein nationales Bewußtsein, eine völkische Identität.
Auch sonst war es in dieser frühen Einwanderungszeit üblich, daß jemand die Führung übernahm, wenn ein Stamm oder eine Stämmegruppe in eine prekäre Lage kam. Die dem Krisenherd am nächsten lagernden Stämme hatten den Krieg zu führen. Hier aber teilen sich Debora und Barak in die Verantwortung. Man muß sich das vorstellen, wie ein Krieger mit einer Frau zusammen loszieht, Männer sammelt, sie anfeuert und eine Entscheidungsschlacht organisiert. Jeder von beiden tut, was er kann. Das ist kollegiales, partnerschaftliches Verhalten, singulär für die damalige Zeit, und doch wirkt es in der konkreten Ausführung selbstverständlich. Wie kam dieses gemeinsame Handeln zustande? Wie war es überhaupt möglich? Und wie waren die Rollen verteilt?
Barak kann kein unbedeutender Mann gewesen sein. Sonst hätte Debora nichts von ihm gewußt. Zwar waren ihre beiden Her-

kunftsstämme, Issachar und Naftali, benachbart. Sie konnten sich von früher kennen. Aber Barak lebte in Kedesch, und Debora hielt sich weiter im Süden zwischen Bet-El und Rama im Gebiet der Stämme Efraim und Benjamin auf. Da liegen etwa 150 Kilometer dazwischen, ein paar Tagesreisen. Dennoch folgt Barak Deboras Ruf und kommt zur Lagebesprechung. Und die Lage ist katastrophal, politisch wie sozial.

## Die Situation im Land

Es ist die Zeit der sogenannten Landnahme. Die einzelnen israelitischen Stämme und Stammesgruppen nehmen das Land Kanaan in Besitz. Diejenigen, die aus Ägypten kommen, siedeln sich in Mittelpalästina an, andere, im Norden und Süden, sind schon da. Es gibt noch keine festen Grenzen. Seine Lebensmöglichkeiten muß jeder Stamm selbst erkunden, seine Ansprüche selbst durchsetzen. Dennoch ist die Landnahme zunächst ein friedlicher Vorgang. Man paßt sich der einheimischen Bevölkerung an, ohne sich jedoch mit ihr ungehemmt zu vermischen. Es ergeben sich aber auch Konflikte mit den kanaanäischen Stadtstaaten, die vor allem die fruchtbaren Ebenen beherrschen. Und wo die Einwanderer auf Widerstand stoßen, gehen sie unterschiedlich vor. Befestigte Städte fallen durch Eroberung, Verrat und Unterwerfung, durch List oder »Wunder« (wie Jericho). Man sucht die militärische Auseinandersetzung nicht, aber man scheut auch nicht davor zurück. Neben vielen kleineren Kämpfen gibt es offenbar auch wichtige Entscheidungsschlachten. Das ist die politische Situation. Eine tiefe Depression liegt über dem Land. Es herrscht Hungersnot, weil die Bauern feiern, statt zu arbeiten. Das Land ist verödet, die Straßen sind unsicher wegen des umherstreunenden Gesindels. Selbst Opfer werden nicht mehr dargebracht. Zwar gibt es Männer in Israel – 40 000 werden genannt –, aber sie rühren sich nicht, sie sind weder zum Angriff noch zur Verteidigung fähig.

Sisera, der Feldherr des kanaanäischen Königs Jabin, unterdrückt die Israeliten auf brutalste Weise. Diese können nichts dagegen tun, denn er hat eine militärische Übermacht. Von 900 eisernen Streitwagen ist die Rede. Wenn die Zahl auch sehr hoch erscheint, so macht sie doch deutlich, wie aussichtslos die Lage ist. Denn die Israeliten besitzen in ihrer Frühzeit ja noch nicht einmal Pferde, geschweige denn Streitwagen. Sie haben den schweren Waffen der Kanaanäer nichts entgegenzusetzen.
In einer solchen Situation der Hoffnungslosigkeit und Unterdrückung ist Barak wie jeder Israelit selbstverständlich zum Kampf verpflichtet. Nicht nur zum Wohl für das Volk, sondern auch, weil dieses Volk ein besonderes Verhältnis, ein Bundesverhältnis, zu Jahwe hat. Dieses schließt unbedingten Gehorsam ein, aber auch Solidariät untereinander. Das drückt das Debora-Lied (Kapitel 5) unmißverständlich aus. Da es zeitlich den Ereignissen am nächsten steht, hat es besonderes Gewicht. Gepriesen wird Jahwe, weil Israel damals Führer hatte, die zum Führen bereit waren (Debora und Barak), und ein Volk, das mitzog (5,2.9.13). Einzeln werden die Stämme aufgerufen, die in Treue zu Jahwe in den Kampf ziehen, sie werden gerühmt. Mit Namen werden die genannt, die sich verweigern, sie werden scharf getadelt (5,13-18). Solidarität, Treue und Glauben an Jahwe garantierten damals die Überlebenschance der Israeliten.

## Barak zögert

Barak weiß natürlich, daß er zum Kampf verpflichtet ist. Aber er zögert. Er macht seine Zusage davon abhängig, daß Debora mit ihm in den Kampf zieht. Er sagt zu ihr: »Wenn du mit mir gehst, so gehe ich. Wenn du aber nicht mit mir gehst, so gehe ich nicht.« Und sie antwortet: »Ja, ich gehe mit dir.« Und dann heißt es, als sei es die größte Selbstverständlichkeit: »Und Debora machte sich auf und ging zusammen mit Barak nach Kadesch.« Und dann

noch einmal: »Und Debora ging mit ihm« (4,8-10). Siebenmal kommt in diesem Abschnitt das Wort »gehen« vor, fünfmal im Dialog, in dem vom Gehen und Mitgehen das ganze Unternehmen abhängt, zweimal in der Feststellung, daß Debora wirklich mitgeht. Eindringlicher könnte die Notwendigkeit des Begleitens, aber auch die Abhängigkeit Baraks von Debora nicht gesagt sein. Der Text hat etwas Anrührendes. Warum Barak so unselbständig und hilflos ist, läßt sich nur vermuten. Vielleicht hat er Angst vor der Übermacht der Feinde, vielleicht traut er der Sache nicht, vielleicht glaubt er gar nicht an den Sieg. Wie dem auch sei, er ist jedenfalls so unsicher, daß er sie dabei haben will. In kindlichem Vertrauen lehnt er sich an sie an. Und wahrscheinlich will er sich auch über sie als Prophetin des göttlichen Beistands vergewissern. Auf jeden Fall kann er sie nicht entbehren. Letztlich allerdings liegt sein Zögern, seine Angst an seinem fehlenden Gottvertrauen. Denn wenn er Debora schon vertraut, dann müßte er auch an ihre Zusage glauben, daß Jahwe selbst es ist, der ihm den Befehl zum Kampf gibt, und er es ist, der den Feind Sisera in seine Hand geben wird (4,6f.).
Mangelndes Vertrauen in Jahwe zieht im Denken Israels notwendig eine Strafe nach sich. Das ist das Leitmotiv des ganzen Richterbuches. Am Anfang unserer Geschichte heißt es: »Als Ehud gestorben war, taten die Israeliten wieder, was Jahwe mißfiel. Darum lieferte sie Jahwe der Gewalt Jabins, des Königs von Kanaan, aus« (4,1). Es ist das übliche Muster: Israel fällt von Jahwe ab, wird zur Strafe dafür von Feinden unterdrückt, aber auf das Schreien des Volkes hin erbarmt sich Jahwe und sendet einen Retter, der Israel befreit und ihm Ruhe verschafft. Dieses Weltbild hat etwas Depressives an sich, nämlich den Glauben an die Wiederkehr des Unvermeidlichen. Und in der Tat erscheint die Geschichte des Volkes Israel streckenweise wie eine Kette von Glauben und Unglauben, von Gehorsam und Ungehorsam. Sünde und Abfall von Jahwe werden unausweichlich bestraft. Gilt das für das Volk, so gilt es es erst recht für den einzelnen. So darf

zum Beispiel Mose nicht ins Gelobte Land einziehen, weil er einen Moment lang an der Macht Jahwes gezweifelt hat (Num 20,12). Und selbst noch Zacharias im Neuen Testament wird mit Stummheit bestraft, weil er den Worten des Engels nicht geglaubt hat (Lk 1,20). Wie sollte es da Barak anders gehen? Seine Strafe besteht darin, daß der Ruhm nach dem Sieg einer Frau zuteil wird (4,9). Erst später erfahren wir, daß diese Frau nicht Debora ist.

## Debora ist Prophetin und Richterin

Daß er jedoch zu Debora ein blindes Vertrauen hat, hat gute Gründe, die in der Person Deboras liegen. Nicht umsonst wird sie »Mutter in Israel« genannt (5,7). Sie ist keine Unbekannte. Weit ausgebreitet im Land ist ihr Ruhm. Denn sie ist Prophetin und Richterin. Prophetin zu sein wäre schon Auszeichnung genug gewesen. Das bedeutete ja nichts anderes, als Jahwes Willen dem Volk kundzutun. Die Propheten dieser frühen Zeit hatten allerdings nichts zu tun mit den späteren Schriftpropheten (Jesaja, Jeremia u.a.), auch nichts mit den Ekstatikergruppen, die zur Zeit Samuels und Sauls durch das Land zogen. Es waren Menschen, die überzeugt waren, ganz persönlich von Gott berufen zu sein. Diese Überzeugung setzt eine große Sensibilität voraus. Man muß wach sein, offen im Leben stehen, Problemsituationen durchschauen und interessiert und bereit sein, Zustände und Verhältnisse, die man nicht gut findet, zu verändern.
Zugleich ist Debora Richterin. Sie ist die einzige Frau, die im Alten Testament Richterin heißt. Grundsätzlich, und zwar schon sehr früh, lag die Rechtsprechung bei den Stammes- und Ortsältesten. Sie saßen im Stadttor, schlichteten Streit, besänftigten Händel, erteilten Rat und fällten juristische Entscheidungen. Daneben aber gab es, gerade in der Frühzeit, hervorragende Einzelpersonen, die sich wegen ihrer Weisheit und Objektivität das Vertrauen der Menschen erworben hatten. Zu ihnen ging man in

persönlichen Schwierigkeiten. In dieser Eigenschaft sitzt Debora unter einer Palme, die man nach ihr Debora-Palme nannte, und empfängt Menschen, die sie um Rat fragen. Die Palme steht zwischen den Orten Rama und Bet-El, mitten im Land, am Rande des Efraimgebirges. Bei diesem Anblick werden mythische Dimensionen berührt. Denn Bet-El und Rama waren uralte, zum Teil schon vorisraelitische Kultstätten, heilige Bezirke also, die man nur mit entsprechendem Schauder betrat. Außerdem steht die Palme, unter der Debora Recht spricht, etwa an derselben Stelle wie die »Klageeiche«, an der eine uralte israelitische Grabtradition haftet (Gen 35,8).

## Die Debora-Palme

Nun hat der Baum, jeder Baum, an sich schon von jeher große symbolische Bedeutung. Er wurzelt tief in der Erde und überragt doch alle Lebewesen. Deshalb glaubte man, er verbinde die Erde mit dem Himmel. In seinem Schatten brachte man Opfer dar und befragte die Orakel. Er wurde für heilig gehalten, ja selbst zum Symbol der Gottheit. Insbesondere bietet die Palme Anlaß für viele mythische Assoziationen. Da sie den Menschen an Größe und Alter um ein Vielfaches übertrifft und außerdem immer grün, das heißt, auch sichtbar lebendig ist, wurde sie bald zum Sinnbild ewigen Lebens. Palmwedel wurden deshalb in Ägypten bei Begräbnisprozessionen mitgetragen. Und auf vielen Bildern tragen die Märtyrer Palmwedel in den Händen, die darauf hindeuten, daß sie den ewigen Lohn erhalten haben (Offb 7,9). In Babylonien war die Palme der Gottesbaum, in Ägypten wie im Paradies der Lebensbaum und ganz allgemein Zeichen für Sieg, Freude und Hoffnung. Jesus wird beim Einzug in Jerusalem mit Palmzweigen empfangen. In ihrer aufrechten Gestalt galt die Palme einem Psalmendichter als Sinnbild des Gerechten (Ps 92,13: »Der Gerechte [und das ist der gesetzestreue Mensch] gedeiht wie die

Palme«). Die Tiefenpsychologie sieht in der Palme, nicht zuletzt wegen ihrer süßen Früchte, den Datteln, einen Bezug zur Mutter und zur seelisch-geistigen Entfaltung, der Individuation. In Mittelpalästina gab es eigentlich keine Palmen. Die Debora-Palme war also eine Rarität. Am Rande des Efraimgebirges stand sie allein, ragte hoch auf und war deshalb weithin sichtbar.
Debora »sitzt« unter ihrem Baum und schaut weit ins Land hinaus. Ein kontemplatives Bild. Erinnert es nicht an eine romanische thronende Madonna? Aufrecht, konzentriert, Ruhe und Vertrauen ausstrahlend, wartet sie. Offenbar ist Debora keine Frau der Tat. Sie geht nicht unter die Leute, wie es zum Beispiel der Richter Samuel tat (1Sam 7,15-17). Sie läßt sie zu sich heraufsteigen. Von ihnen erfährt sie, wie es im Land zugeht.

## Deboras Stärke

Und da ist Deboras Zeit gekommen. Die Männer wissen nicht mehr weiter – eine Frau tritt auf den Plan. Und damit ändert sich alles. Die »sitzende« Debora wird zur handelnden Debora. Sie »steht auf« (5,7). Das heißt in der Bibel immer: aktiv werden, die Initiative ergreifen. Im Debora-Lied heißt es:

*In den Tagen Jaëls lagen die Wege verlassen da.*
*Wer unterwegs war, mußte Umwege machen.*
*Bewohner des offenen Landes gab es nicht mehr,*
*es gab sie nicht mehr in Israel,*
*bis du dich erhobst, Debora,*
*bis du dich erhobst, Mutter in Israel.*
*Man hatte sich neue Götter erwählt.*
*Es gab kein Brot an den Toren.*
*Schild und Speer waren nicht mehr zu sehen*
*bei den Vierzigtausend in Israel (5,6-8).*

Gegen die rationalen Gründe, die für die Aussichtslosigkeit gesprochen haben mögen, gegen das resignierende Argument »Da kann man nichts machen!« entwickelt sie ein Gespür für das Notwendige, Not-wendende. Unabhängig, der bitteren Wahrheit ins Gesicht schauend und mit großer Kühnheit beruft sie Barak, diesen passiven und unsicheren Mann, aus dem fernen Norden, zum Feldherrn, garantiert ihm den Sieg über die Kanaanäer und dem Volk die Befreiung und gibt das alles als Gottesbefehl aus.

Damit berühren wir das Geheimnis von Deboras Stärke, Zuversicht und Sicherheit. Es ist Jahwe. Er selbst ist der spiritus rector. Er hatte die Israeliten »in die Hand Jabins verkauft«(4,2); er gebietet Barak, ein Heer zu sammeln; er zieht Sisera an den Bach Kischon und gibt ihn in Baraks Hand; er zieht vor dem Heer her wie in einen Heiligen Krieg. Ihm gebührt der Preis und Dank. Das Debora-Lied besingt sein Eingreifen wie eine Epiphanie. Während die Erde bebt, die Berge – tragende Säulen der alten Welt – schwanken und die Wolken brechen, schreitet er vom Gebirge Seir aus dem Bergland Edom herab (5,4f.). Der Aufruhr der Naturgewalten ist wie eine Angstreaktion der Natur, wie eine Demutshaltung vor dem übermächtigen Kriegsgott. Die Unterwerfung der Chaosmächte bedeutet den Sieg über das Böse in Gestalt der Feinde. Immer ist das Chaos auf seiten der Feinde, die Ordnung auf seiten des Gottesvolkes. Und immer wieder rettet Jahwe sein Volk vor dem Absturz in den Untergang. Genauso wie das »Volk Jahwes« zu Treue und Gehorsam verpflichtet ist, so nimmt der »Gott Israels« seinen Treueschwur ernst, dieses Volk gegen andere Völker zu verteidigen. Das ist die Theologie dieser Geschichte.

Und dann nimmt der Kampf nach dem Debora-Lied sogar kosmische Dimensionen an. Die Sterne greifen in das Geschehen ein. Sie streiten vom Himmel aus mit – nach uralter Überzeugung sind sie die Verursacher des Regens –, und Wasserfluten lassen den Kischon so anschwellen, daß die Feinde darin umkommen.

*Der Bach Kischon riß sie hinweg,*
*der uralte Bach, der Bach Kischon (5,21).*

Diese archaische Urgestalt des Wassers drückt sich sogar in der sprachlichen Gestaltung aus. Dagegen ist Sisera mit seinen kanaanäischen Truppen machtlos. Ebenso ohnmächtig ist der hinter ihnen stehende kanaanäische Gott. Auch in den anderen altorientalischen Religionen übernehmen die Gottheiten die Hauptlast des Kampfes. Ihnen wird dann, so zeigen es die Siegesinschriften, der Sieg zugeschrieben. Deshalb hat man nach dem Debora-Lied den Eindruck, Jahwe kämpfe allein. Es geht also in dieser Entscheidungsschlacht auch um die Frage: Wer ist der stärkere Gott, Jahwe oder Baal? Und damit verbunden, profan ausgedrückt, geht es um die Entscheidung: Setzt sich in Palästina die Stadtkultur der Kanaanäer durch oder die halbnomadisch-bäuerliche der Israeliten? Mit dem Hereindrängen der Bauern- und Hirtenstämme erweist sich auch der den Kanaanäern fremde Berggott Jahwe als übermächtig. Noch in der Königszeit stellen die Syrer fest: »Ihr Gott ist ein Gott der Berge, darum waren sie uns überlegen« (1Kön 20,23).

## Partnerschaftliche Problemlösung

Diesem Gott vertraute Debora, während es Barak an Vertrauen fehlen ließ. Sie sind aber aneinandergespannt. Sie spielen in dieser politisch, theologisch und religiös einzigartigen Entscheidung auf der konkreten Ebene die wichtigste Rolle. Sie sind die Handelnden, Ausführenden. Debora ist die treibende Kraft, sie inspiriert und leitet. Sie gibt dem Unternehmen Sicherheit, Zuversicht und Siegesgewißheit. Das tut sie, weil sie sich durch ihre prophetischen Fähigkeiten mit dem Numinosen in Gestalt Jahwes verbunden weiß. Sie geht voraus und führt den Kampf an. Barak, mit seinen strategischen Kenntnissen und seiner Autorität als Feldherr, führt ihn aus. Allein hätte es keiner von beiden geschafft. Zusammen aber sind sie stark. Physische Stärke verbindet sich mit Mut, geistiger Inspiration und spiritueller Gewißheit. Das ist eine im Alten Testament einmalig gelebte Partnerschaft, die Vorbild sein kann. Sie beweist ein unbefangenes Miteinander von Mann und Frau, ohne jedes Rollendenken, wo es nur auf die jeweiligen Fähigkeiten des einzelnen ankommt. Es scheint also in der alten israelitischen Zeit eine Ausgewogenheit zwischen den einzelnen Bereichen gegeben zu haben. Die Geschlechterrollen waren noch nicht sexistisch festgelegt.

## Nachgeschichte

Die Idee von Partnerschaft ist dann – bis auf den heutigen Tag – leider sehr schnell verlorengegangen. Aus irgendeinem Grund haben die biblischen Schriftsteller die Gleichstellung dieser Frau nicht ertragen. Denn sie verschwand aus deren Bewußtsein. Der kleinmütige Feldherr Barak wird noch zweimal erwähnt: 1Sam 12,11 zählt ihn zu den Richtern, Hebr 11,32 unter diejenigen, die »durch ihren Glauben Reiche bezwangen..., Helden im Kampf wurden und Heere zum Weichen brachten« – von Debora kein Wort. Allerdings ging es ihr damit nicht schlechter als anderen Frauen in der Bibel, etwa Mirjam. Ursprünglich hatte sie das große »Siegeslied am Schilfmeer« gesungen, nach späteren Aussagen wurde Mose an ihre Stelle gesetzt und sie von der großen Führerin zu seiner Schwester umfunktioniert (vgl. Mi 6,4; Ex 15,20f. mit Ex 15,1; Num 26,59). Und ähnlich erging es Junia, die man zum Mann machte, weil eine Frau nicht Apostel sein durfte (Röm 16,7), wie auch Phoebe, die von der Diakonin zur Dienerin degradiert wurde (Röm 16,1).

Noch heute können unsere männlichen Kollegen die Leistung Deboras nicht uneingeschränkt stehen lassen. Kommentatoren meinen, Gott habe Israel hier durch die Schwachheit einer Frau zum Sieg verholfen. Aber worin liegt ihrer Meinung nach die

Schwäche? Ist Debora deshalb schwach, weil sie nicht selbst zum Schwert griff, weil ihre physischen Kräfte als Frau nicht ausreichten, um wie ein Mann zu kämpfen?

## Gesellschaftlicher Aspekt

Nun gibt es noch eine andere Ebene in diesem Geschehen. Die gleiche Beziehung, die zwischen Debora und Barak besteht, spiegelt sich im Verhalten der Öffentlichkeit. Wie wir gesehen haben, liegt über dem Land eine tiefe Depression. Im Debora-Lied wird beklagt, daß die Männer im Land in einer lähmenden Lethargie versunken sind. Ihre Aktivität beschränkt sich darauf, zögernd, träge und unwillig dem Aufruf Deboras nachzukommen. Und bei weitem nicht alle. Die Stämme Ruben und Gad sind nicht interessiert, sie wohnen östlich des Jordangrabens, weit weg vom Geschehen. Ascher lungert gemächlich am Meer herum, und auch Dan hat Arbeitsmietverträge im Schiffsdienst. Sie werden gerügt wegen ihrer Unentschlossenheit und Trägheit. Die Stadt Meros – literarisch ein späterer Einschub – wird sogar verflucht, weil sie Jahwe nicht zu Hilfe kam. Wichtig erscheint ihnen allen allein die Beute zu sein, bunte Gewänder und kostbare Tücher, vor allem aber die Frauen, die ihnen als Kriegsbeute zufallen.
Diesem Desinteresse der Männer steht die Wachheit und Entschlossenheit der Frauen gegenüber. Dafür ist, abgesehen von Debora, Jaël ein Beispiel. Auch sie ist eine starke Frau, eine Frau eigenen Rechts, unabhängig und selbständig. Das Heer ist geschlagen. Sisera flüchtet sich zu Fuß in ihr Zelt. Sie lebt allein nahe am Kampfplatz in der Jesreelebene. Sisera hofft, daß sie auf seiner Seite steht. Denn ihr Mann ist ein Keniter, und die Keniter sind Verbündete. Aber Jaël tötet den erschöpft schlafenden Sisera. Sie macht ihn vollends unschädlich. Sie ist dabei mutig, listig, grausam und kalt. Überschwenglich wird sie deshalb im Debora-Lied gefeiert:

*Zu ihren Füßen brach er zusammen, fiel nieder, lag da,*
*zu ihren Füßen brach er zusammen, fiel nieder.*
*Wo er zusammenbrach, lag er vernichtet (5,27).*

Man spürt die große Erleichterung: Der kann nicht mehr gefährlich werden! Was wir heute als brutal und grausam empfinden, war damals existentiell notwendiges Verhalten. Jaël also ist die Frau, der statt des Barak der Ruhm zuteil wird, wie es Debora angekündigt hatte (4,9). Durch diese Tat war Jaël so bekannt geworden, daß sogar die Epoche nach ihr benannt wurde (5,6).
Jaël greift in die Geschichte ein. Sie ist eine Frau, die Jahwe zu Hilfe kommt, und wird dafür im Debora-Lied gepriesen. Es scheint dabei keine Rolle zu spielen, daß sie sich über das Gastrecht hinwegsetzt, das ja in Israel heilig war. Welche Schwierigkeiten hat Lot sich dafür eingehandelt! Jaël hingegen wird eigens dafür gerechtfertigt: »Gesegnet sei Jaël!« (5,24). Auch sie wird als Werkzeug Jahwes begriffen. Aber ist die Mißachtung lebensschützender Gebote, ist der Mord an einem Hilfesuchenden erlaubt, wenn sie für Gott geschehen? Eine solche Fragestellung ist dem Alten Testament fremd. Für unser Empfinden liegt eine Rechtfertigung für die hinterlistige Grausamkeit höchstens darin, daß es sich wirklich um einen Überlebenskampf handelte. In Sisera hatte die existentielle Bedrohung Gestalt angenommen.

Die Geschichte von Debora und Barak ist auch die Konkretisierung gesellschaftlicher Verhältnisse. Ungehindert darf Debora höchste Leitungsfunktionen wahrnehmen, in Justiz, Religion und Politik. Offensichtlich gab es keine geschlechtsspezifischen Aufteilungen von Zuständigkeiten in der ältesten Zeit Israels. Es gab keine prinzipiellen männlichen Vorbehalte, daß Frauen für wichtige Aufgaben weniger geeignet gewesen wären. Auch wenn es nicht die Regel war, wenn es notwendig wurde, bemühten sich

Männer und Frauen gemeinsam um Lösungen. Ob der biblische Erzähler allerdings mit dieser Geschichte die »patriarchalische Gewohnheitsordnung (seiner Zeit) kritisieren« wollte (Schrage 70), muß offen bleiben.

# Der gemeinsame Schritt in die Kultur

## ADAM UND EVA

*(Genesis 2,4b-3,24)*

[2,15]*Gott, der Herr, nahm also den Menschen und setzte ihn in den
Garten von Eden, damit er ihn bebaue und hüte.* [16]*Dann gebot
Gott, der Herr, dem Menschen: Von allen Bäumen des Gartens
darfst du essen,* [17]*doch vom Baum der Erkenntnis von Gut und
Böse darfst du nicht essen; denn sobald du davon ißt, wirst du
sterben.*

[18]*Dann sprach Gott, der Herr: Es ist nicht gut, daß der Mensch
allein bleibt. Ich will ihm eine Hilfe machen, die ihm entspricht.*

[19]*Gott, der Herr, formte aus dem Ackerboden alle Tiere des Feldes
und alle Vögel des Himmels und führte sie dem Menschen zu, um
zu sehen, wie er sie benennen würde. Und wie der Mensch jedes
lebendige Wesen benannte, so sollte es heißen.* [20]*Der Mensch gab
Namen allem Vieh, den Vögeln des Himmels und allen Tieren
des Feldes. Aber eine Hilfe, die dem Menschen entsprach, fand
er nicht.*

[21]*Da ließ Gott, der Herr, einen tiefen Schlaf auf den Menschen
fallen, so daß er einschlief, nahm eine seiner Rippen und verschloß
ihre Stelle mit Fleisch.* [22]*Gott, der Herr, baute aus der Rippe, die
er vom Menschen genommen hatte, eine Frau und führte sie dem
Menschen zu.* [23]*Und der Mensch sprach: Das endlich ist Bein von
meinem Bein und Fleisch von meinem Fleisch. Frau soll die heißen; denn vom Mann ist sie genommen.*

24 Darum verläßt der Mann Vater und Mutter und bindet sich an
seine Frau, und sie werden ein Fleisch. 25 Beide, Adam und seine
Frau, waren nackt, aber sie schämten sich nicht voreinander. …

3,1 Die Schlange war schlauer als alle Tiere des Feldes, die Gott,
der Herr, gemacht hatte. Sie sagte zu der Frau: Hat Gott wirklich
gesagt: Ihr dürft von keinem Baum des Gartens essen? 2 Die Frau
entgegnete der Schlange: Von den Früchten der Bäume im Garten
dürfen wir essen, 3 nur von den Früchten des Baumes, der in der
Mitte des Gartens steht, hat Gott gesagt: Davon dürft ihr nicht
essen, und daran dürft ihr nicht rühren, sonst werdet ihr sterben.

4 Darauf sagte die Schlange zur Frau: Nein, ihr werdet nicht
sterben. 5 Gott weiß vielmehr: Sobald ihr davon eßt, gehen euch
die Augen auf; ihr werdet wie Gott und erkennt Gut und Böse.
6 Da sah die Frau, daß es köstlich wäre, von dem Baum zu essen,
daß der Baum eine Augenweide war und dazu verlockte, klug zu
werden. Sie nahm von seinen Früchten und aß; sie gab auch ihrem
Mann, der bei ihr war, und auch er aß.

7 Da gingen beiden die Augen auf, und sie erkannten, daß sie nackt
waren. Sie hefteten Feigenblätter zusammen und machten sich
einen Schurz. 8 Als sie Gott, den Herrn, im Garten gegen den
Tagwind einherschreiten hörten, versteckten sich Adam und seine
Frau vor Gott, dem Herrn, unter den Bäumen des Gartens. 9 Gott,
der Herr, rief Adam zu und sprach: Wo bist du? 10 Er antwortete:
Ich habe dich im Garten kommen hören; da geriet ich in Furcht,
weil ich nackt bin, und versteckte mich. 11 Darauf fragte er: Wer
hat dir gesagt, daß du nackt bist? Hast du von dem Baum geges-
sen, von dem zu essen ich dir verboten habe? 12 Adam antwortete:
Die Frau, die du mir beigesellt hast, sie hat mir von dem Baum
gegeben, und so habe ich gegessen. 13 Gott, der Herr, sprach zu
der Frau: Was hast du da getan? Die Frau antwortete: Die Schlan-
ge hat mich verführt, und so habe ich gegessen.

*14 Da sprach Gott, der Herr, zur Schlange: Weil du das getan hast,*
*bist du verflucht unter allem Vieh und allen Tieren des Feldes.*
*Auf dem Bauch sollst du kriechen und Staub fressen alle Tage*
*deines Lebens. 15 Feindschaft setze ich zwischen dich und die Frau,*
*zwischen deinen Nachwuchs und ihren Nachwuchs. Er trifft dich*
*am Kopf, und du triffst ihn an der Ferse.*

*16 Zur Frau sprach er: Viel Mühsal bereite ich dir, sooft du*
*schwanger wirst. Unter Schmerzen gebierst du Kinder. Du hast*
*Verlangen nach deinem Mann; er aber wird über dich herrschen.*

*17 Zu Adam sprach er: Weil du auf deine Frau gehört und von*
*dem Baum gegessen hast, von dem zu essen ich dir verboten hatte:*
*So ist verflucht der Ackerboden deinetwegen. Unter Mühsal wirst*
*du von ihm essen alle Tage deines Lebens. 18 Dornen und Disteln*
*läßt er dir wachsen, und die Pflanzen des Feldes mußt du essen.*
*19 Im Schweiße deines Angesichts sollst du dein Brot essen, bis du*
*zurückkehrst zum Ackerboden; von ihm bist du ja genommen.*
*Denn Staub bist du, zum Staub mußt du zurück.*

*20 Adam nannte seine Frau Eva, denn sie wurde die Mutter aller*
*Lebendigen. 21 Gott, der Herr, machte Adam und seiner Frau*
*Röcke aus Fellen und bekleidete sie damit. 22 Dann sprach Gott,*
*der Herr: Seht, der Mensch ist geworden wie wir; er erkennt Gut*
*und Böse. Daß er jetzt nicht die Hand ausstreckt, auch vom Baum*
*des Lebens nimmt, davon ißt und ewig lebt! 23 Gott, der Herr,*
*schickte ihn aus den Garten von Eden weg, damit er den Acker-*
*boden bestellte, von dem er genommen war. 24 Er vertrieb den*
*Menschen und stellte östlich des Gartens von Eden die Kerubim*
*auf und das lodernde Flammenschwert, damit sie den Weg zum*
*Baum des Lebens bewachten.*

Jeder kennt sie, und doch hat es sie in Wirklichkeit gar nicht gegeben. Aber das hinderte nicht daran, daß sie die Geschichte der Menschheit grundlegend beeinflußt haben, religionsgeschichtlich, theologisch, kulturell und gesellschaftlich. Und das bis heute. Die biblischen Schöpfungsberichte und die Sündenfallerzählung haben eine jahrtausendealte komplizierte Wirkungsgeschichte hinter sich. Darin wurden Adam und Eva mit allen möglichen theologischen Vorstellungen und Ideologien belastet.

## Niemand ist mehr vorurteilsfrei

Bereits in der Bibel begann der Prozeß, die Frau für weniger wert zu erklären und dies theologisch zu begründen. Weil Eva als zweite aus einer Rippe Adams erschaffen wurde, galt sie nicht nur zeitlich als sekundär, sondern auch als zweitrangig; weil sie ungehorsam war, stürzte sie die Menschheit ins Verderben. Sie war an allem schuld, und deshalb wurde sie auch zu Recht zur Unterwerfung unter den Mann verurteilt. Diese Argumentation begann in den letzten vorchristlichen Jahrhunderten. Sie wurde zunächst nur auf Eva bezogen, vor allem in den späten Weisheitstexten. Da heißt es zum Beispiel Sir 25,24: »Von einer Frau nahm die Sünde ihren Anfang, ihretwegen müssen wir alle sterben.« Oder Weish 2,24: »Durch den Neid des Teufels (= Schlange) kam der Tod in die Welt, und ihn erfahren alle, die ihm angehören.« Dann wenden sich die Vorurteile mehr und mehr gegen die Frau überhaupt. Die Apokryphen, jüdische und altchristliche Schriften, die nicht in die Bibel aufgenommen wurden, beschäftigen sich mit Vorliebe mit den erotischen Verführungskünsten der Frau. Sie müsse mit dem Bösen und dem Elend der Welt in Verbindung stehen. Diese Überzeugung greift dann auf die neutestamentliche Briefliteratur über. Der Autor des 1. Timotheusbriefes fordert, die Frau solle sich anständig, bescheiden und zurückhaltend kleiden, sich still verhalten, keinen Schmuck tragen und sich nicht über den Mann erheben. »Denn Adam wurde zuerst geschaffen, danach Eva. Und nicht Adam wurde verführt, sondern die Frau ließ sich verführen und übertrat das Gebot« (1Tim 2,9-15; vgl.

2Kor 11,3). Damit erhält diese Einschätzung der Frau einen allgemein gültigen Wahrheitsanspruch. Sie setzt sich bei den Kirchenvätern fort. Um 200 n.Chr. schreibt zum Beispiel Tertullian: »Weißt du nicht, daß du Eva bist?... Du bist die Pforte des Teufels, du bist die Verletzerin jenes Baumes (im Paradies), du bist des göttlichen Gesetzes erste Übertreterin, du bist es, die jenen (Adam) verführt hat, den anzugreifen der Teufel nicht stark genug war... Ob deiner Schuld... mußte sogar Gottes Sohn sterben« (De cultu feminarum 1,1). Mit seinem hohen Ansehen als Kirchenlehrer festigt Augustinus diese negative Einschätzung der Frau: »Besiegen wir also dieser Begierde Lockungen und Lasten, unterjochen wir uns diese Frau, wenn wir Manns genug sind! Wenn wir führen, wird auch sie besser sein und nicht mehr »Sinneslust«, sondern »Mäßigung« heißen... Folgen wir Christus, unserem Haupt, damit uns folge, wer uns zum Haupt hat!« (De vera religione 78). So geht die Argumentation weiter über Thomas von Aquin zu Luther bis in die Neuzeit.

Die theologische Frauenforschung hat natürlich auch die Schöpfungs- und Sündenfallgeschichte neu beleuchtet (als frühe Beispiele dienen Trible und Heister). Wenn ältere Kommentatoren in der Tatsache, daß die Frau von allen Lebewesen zuletzt geschaffen wird, eher ihre Geringfügigkeit bestätigt sehen, so könne man, sagen die feministischen Theologinnen, ebenso von einem Prinzip der Steigerung sprechen. Daß sie als Hilfe deklariert wird, bedeute keine Unterordnung. Die Frau sei für die Schlange die intelligentere, geistig lebendigere. Der Mann aber bleibe blaß, passiv, er mache sich keine Gedanken, ja man habe den Eindruck, er überblicke die Tragweite seines Tuns gar nicht. Im Gespräch mit Jahwe wälze er die Verantwortung ab. Daß er über die Frau herrschen soll, zeige nur die Unfähigkeit des Menschen (Mannes) zur Partnerschaft.

So unterschiedlich die beiden Argumentationsketten im Ergebnis sind, sie verfolgen dieselbe Absicht: Ihre Stoßkraft richtet sich gegen den anderen, die eine gegen Adam, die andere gegen Eva.

Jedoch, an keiner Stelle des Geschehens steht einer von beiden für sich allein. Er ist in seinem Tun und in seiner Reaktion nur mit dem anderen zusammen verständlich. Gemeinsam entwickelt sich der Prozeß ins Leben, zusammen finden sie sich vor den Toren des Paradieses wieder. Gemeinsam geht ihr Leben weiter. Wie lebten sie diese Gemeinsamkeit? Wie sah ihre Beziehung aus?

## Mann und Frau in den Schöpfungsberichten

Einhellig wird von den Exegeten begrüßt, daß der jüngere Schöpfungsbericht (Gen 1,1-2,4a), der der Quelle P (= Priesterschrift) angehört und aus der Mitte des 6. Jahrhunderts v.Chr. stammt, Mann und Frau gleich behandelt. Die entscheidende Stelle lautet: »Und Gott schuf also den Menschen (= *adam*) nach seinem Bild, nach dem Bild Gottes schuf er sie.« (1,27). Demnach schuf Gott den Menschen in einem Akt in zweifacher Gestalt, beide gleichzeitig, gleichwertig. Zusammen spiegeln sie Gott wider, einen Gott, der zwar nicht geschlechtlich determiniert ist, aber gleichermaßen männliche und weibliche Züge aufweist. Beiden gilt der Fruchtbarkeitssegen, beide werden mit der Leitungsfunktion beauftragt. Von einer Bevorzugung des einen vor dem anderen ist nicht die Rede. Ja man könnte sogar zu dem Schluß kommen, daß die Gemeinsamkeit zum Abbildhaften Gottes gehört (vgl. Schüngel-Straumann 167) – dann hätte der grammatische Wechsel vom Singular zum Plural einen Sinn. Während zunächst »die Menschen« schlechthin im Blick stehen – *adam* ist ein Kollektivbegriff im Singular (englisch »people« vergleichbar) –, wird danach der Inhalt des Begriffes differenziert, als Mann und Frau, jetzt Plural. Aber sowohl im ersten wie im zweiten Teil des Satzes sind beide Geschlechter gemeint. Wenn also einer allein herrscht oder über den anderen herrscht, ist der Schöpfungswille nicht erfüllt.

Im älteren Schöpfungsbericht (Gen 2,4b-25), der dem Jahwisten

(J) zugeschrieben wird und im 10. Jahrhundert v.Chr. geschrieben wurde, liegen die Akzente anders. Hier erfahren wir mehr über die Erschaffung von Mann und Frau, er aus dem Ackerboden, sie aus seiner Rippe, und auch über ihr Leben im Paradies. Man wird allerdings der Geschichte nicht gerecht, wenn man die verschiedenen Erzähl-Ebenen vermischt und dann unter Umständen weitreichende, aber falsche Schlüsse zieht. Mythologische Züge, märchenhafte Elemente, Zustandsbeschreibungen der Entstehungszeit des Textes, bildhafte Erzählungen und Symbole sind jeweils anders zu sehen und zu werten. Und man versteht die Geschichte auch nicht, wenn man punktuelle Aussagen zur Aussageabsicht des Gesamttextes erhebt. Der Erzähler wollte die Welt, in der er lebte, verstehen. Deshalb stellt er unter seinen Bedingungen und Voraussetzungen die ewige Frage nach der conditio humana: Warum ist der Mensch so, wie er ist, durch Tod, Leid, Angst, Mühsal, Schmerz geprägt, durch Schwierigkeiten in der Beziehung behindert, gottfern, aber doch an eine religiöse Sehnsucht nach Glück und Unsterblichkeit gebunden (vgl. dazu Westermann 377)? Er kann diese Fragen nicht beantworten – so wenig wie wir sie heute beantworten können. Deshalb denkt er darüber nach, wie es denn so gekommen ist. Was er sagen will, kann er nur – der damaligen Art, sich auszudrücken, gemäß – in Geschichten erzählen. So ist von ihm chronologisch gestaltet, was der Theologe in P reflektiert ausgesagt hat.

## Zum Text

Um das erste Menschenpaar besser zu verstehen, müssen wir ein wenig auf den Hintergrund des Textes eingehen. Der Autor hat ja diese Geschichten nicht erfunden. Er bezieht sich auf die Mythen, die er aus den Nachbarvölkern kennt. Die Wissenschaft ist heute mehr denn je bereit anzuerkennen, daß Israel den Prozeß der Gottfindung nicht im Alleingang, sondern in der Auseinandersetzung mit den Nachbarreligionen vollzogen hat. Die orientalischen, vor allem die sumerischen und akkadischen Mythen sind bruchstückweise bis in den Wortlaut hinein in den Schöpfungsbericht aufgenommen, mit eigenen Überlieferungen vermischt und neu gedeutet worden. Dabei gibt es Brüche und Widersprüche. Sie allein schon machen darauf aufmerksam, daß es sich hier nicht um letztgültige Wahrheiten handeln kann. So gibt es zum Beispiel verschiedene Namen für Mann und Frau. Einmal werden zwei Bäume genannt (Baum der Erkenntnis, Baum des Lebens), einmal – im entscheidenden Stadium – nur einer (Baum der Erkenntnis). Zwar ist die Frau im jetzigen Textzustand (ursprünglich schon) nicht dabei, als Adam das Verbot, vom Baum zu essen, bekommt, sie ist es aber, die dafür bestraft wird, daß sie es nicht einhält. Alle orientalischen Mythen hatten das Ziel, die Welt, das Leben und Sterbenmüssen zu erklären. Aber keiner hatte ein so großes Interesse an der Erschaffung der Frau wie der Jahwist in der Genesis. Zwar hat auch dieser Teil des Berichts seine Wurzeln in einem sumerischen Mythos, nämlich der Geschichte von Enki und Nihursaq, wo das Wort *ti* zugleich »Rippe« und »Leben« bedeutet. In der biblischen Geschichte jedoch wird die Erschaffung der Frau ausführlicher dargestellt. In der Frau erhält der Schöpfungsprozeß seinen Abschluß. Daraus wird deutlich, daß der Mann nicht die Zielvorstellung bei der Erschaffung des Menschen gewesen sein kann. Vielmehr sind von vornherein beide, Mann und Frau, intendiert. Partnerschaft zwischen beiden gehört zu den Grundzügen des Menschseins.

## Adam und Eva sind füreinander geschaffen

Jahwe erschafft die Frau aus eigenem Entschluß. Denn der Mensch ist von ihm nicht als der einsame Mensch gemeint. Adam ist nicht beteiligt. Er ist passiv, liegt im Tiefschlaf. Es ist ein Schlaf, der jedes Erkenntnis- und Wahrnehmungsvermögen ausschaltet.

Wie bei der Erschaffung Adams wird Jahwe als Künstler gedacht. Wie er den Ackerboden für die Herstellung des Mannes bereitete, so baut er jetzt aus der Rippe die Frau. Nur im verwendeten Material ist sie von Adam abhängig, und das hat sicherlich einen ätiologischen Grund. Damit erscheint die Gleichheit und Zusammengehörigkeit von beiden zwingend. Sie sind aufeinander bezogen. Jeder braucht den anderen. Von einer Abhängigkeit der Frau vom Mann ist nicht die Rede, Schöpfer ist allein Jahwe.

Immer wieder wurde behauptet – und das war schon in den Übersetzungen beabsichtigt –, daß Jahwe die Frau als Gehilfin für den Menschen geschaffen habe. Das würde ohne Zweifel eine Unterordnung bedeuten. Der Jahwist hat es jedoch offenbar anders gemeint. Die Frau sollte keine Dienerin sein, sonst hätte er nicht das maskuline Wort *ezer* (Hilfe) verwendet statt des häufiger gebrauchten femininen Wortes *ezrah*. Das Wort *ezer* kann sehr verschiedene Nuancen ausdrücken. Es kann männlicher Eigenname sein, vermutlich, um den Träger dieses Namens als hilfreich zu charakterisieren (1Chr 4,4; 12,10), es kann im Sinn von Unterstützung gemeint sein, und es kann die Abhilfe eines Defizits bezeichnen, aus dem man sich selbst nicht befreien kann. In diesem Sinne ist es meistens von Jahwe gesagt. Und das ist auch hier der Fall. Das Alleinsein des Menschen ist kein guter Zustand, er bedarf einer Veränderung. Und diese geschieht durch die Frau. Sie ist existentiell und sozial für den Mann notwendig und von Gott vorgesehen.

Daß »der Mensch« selbst es so versteht, zeigt der jubelnde Empfang, den er der Frau bereitet, und auch sein Staunen und seine Freude über die Erfüllung seiner Sehnsucht. Wieviel Mühe hatte Jahwe sich damit gemacht, alle möglichen Tiere zu kreieren, in der Hoffnung, Adam könne unter ihnen einen ihm gemäßen Partner, eine zu ihm passende Partnerin finden – auch das ein Topos alter mythischer Tradition. Aber der Versuch war mißglückt. Nun darf Adam seine Frau selbst als ein wirkliches Gegenüber entdecken: auf gleicher Ebene, eigenständig und dialogfähig, außerhalb von sich selbst und doch sich zugehörig, weder niedriger noch höher stehend. Nicht ohne Grund befähigt diese Entdeckung »den Menschen« zu einer emotionalen Sprache. Kein Tier konnte Adam ebenbürtig sein. Sprache ist nur mit einem gleich begabten Partner und Gegenüber sinnvoll. So weisen beide, Interaktion und Sprache, auf eine zum Dialog fähige Vernunft hin. Diese ist also bereits vor dem Essen vom Baum der Erkenntnis in den Menschen vorhanden.

Von nun an ist der Mann so männlich, wie die Frau weiblich ist. Feministische Theologinnen gehen so weit zu sagen, Eva wurde geschaffen, damit Adam, vorher undifferenziert, sich als Mann erkennen konnte. Wie dem auch sei – die Ausdrücke *isch* und *ischah,* die dafür gebraucht werden, sind keine Namen, auch wenn es im Text heißt: »Sie soll »Männin« (so Luther) heißen, denn vom »Mann« (*isch*) ist sie genommen« (2,23). *Isch* und *ischah* soll nichts anderes ausdrücken als die enge Gemeinschaft, die zwischen ihnen besteht.

Aber es gibt noch einen anderen Aspekt. Als Jahwe dem Mann seine Frau zuführt, ruft dieser begeistert aus: »Das endlich ist Bein von meinem Bein und Fleisch von meinem Fleisch« (2,23). Das ist ein formelhafter Satz, er wird Verwandtschaftsformel genannt. Mit ihr wird auch sonst im Alten Testament die enge Zusammengehörigkeit zur gleichen Sippe ausgedrückt. Ähnlich wie Adam Eva begrüßt, empfängt Laban Jakob, den künftigen Mann seiner Tochter Rahel: »Du bist wirklich mein Bein und mein Fleisch« (Gen 29,14; vgl. auch Ri 9,2; 2Sam 5,1; 19,13f.). Hinter dieser Formel steht wiederum eine ätiologische Absicht. Sie möchte das auffällige, aber unverständliche Phänomen emotionaler Bindung begründen. Die leidenschaftliche, irrationale Liebe zwischen Mann und Frau muß die alttestamentlichen Menschen sehr beschäftigt haben, ja sie muß ihnen in ihrer Unerklärlichkeit geradezu unheimlich gewesen sein. Das zeigt auch eine andere Stelle des Alten Testaments, die sich darüber Gedanken macht:

*Drei Dinge sind mir zu hoch,*
*ja vier, die ich nicht verstehe:*
*Der Weg des Adlers am Himmel,*
*Der Weg der Schlange auf dem Felsen,*
*der Weg des Schiffes mitten im Meer*
*und der Weg des Mannes bei der jungen Frau (Spr 30,18f.).*

Auch hier handelt es sich um jahwistisches Gedankengut mit außerisraelitischem Einfluß (Ugarit). Ebenso soll auch der Jubel Adams: »Das endlich ist Bein von meinem Bein und Fleisch von meinem Fleisch« das Unverständliche verständlicher machen. Und noch einmal bekräftigt der späte Zusatz: »Darum verläßt der Mann Vater und Mutter und hängt an seiner Frau, und sie werden ein Fleisch« (Gen 2,24).

## Die Verführungsgeschichte

Ging es bis jetzt um die Erschaffung der Menschen, um die Bestimmung ihres Wesens und ihre existentielle Bezogenheit aufeinander, so steht nun ihre psychisch-geistige Kompetenz zur Diskussion. Die Verführungsgeschichte mit den Stichworten Paradies, Übertretung eines göttlichen Verbots und Vertreibung geht auf eine ältere, wahrscheinlich vorisraelitische Erzählung zurück, die der biblische Autor vorfand und mit der vorausgehenden Geschichte zusammenarbeitete.
Die christliche Theologie ist der Überzeugung, daß durch die Sünde der beiden ersten Menschen die ganze Menschheit, ja sogar die Welt ins Verderben gestürzt wurde. Vorher lebten Adam und Eva im Paradies glücklich und unschuldig, nach der schrecklichen Sünde jedoch gibt es Tod und Unglück, Korruption und Lüge, Mord und Totschlag, so daß Jesus, der zweite Adam, kommen mußte, um die Welt zu erlösen (Röm 5,12; 1Kor 15,22). Denn die Sünde setzte sich von Generation zu Generation fort. Im

Vergleich mit Christus ist Adam, sozusagen theologisch gesehen, der Hauptverantwortliche, im Konkreten aber, zum Beispiel als naturhafte Bedrohung des geistig-geistlichen Mannes, lastet auf Eva die Hauptschuld. Was ist das für eine Sünde, die so schreckliche Folgen zeitigte, zugleich aber die beiden Menschen noch viel enger zusammenwachsen ließ? Was haben sie getan?

## Über das Böse

1. Es kann hier nicht darum gehen zu erklären, wie die Sünde in die Welt gekommen ist. Die Existenz des Bösen wird vielmehr vorausgesetzt. Weder ist die Frau seine Verursacherin noch die Schlange, denn sie ist genauso von Jahwe geschaffen wie alle anderen Tiere. Eher spielt das Verbot eine Rolle. Ein Verbot verlangt Gehorsam. Dieser setzt jedoch die freie Entscheidung voraus. Das bedeutet, daß Gott den Menschen mit der Fähigkeit, ja und nein zu sagen, erschaffen hat. Ist aber die Freiheit ein konstitutives Element des Menschen, dann liegt das Böse logischerweise in Jahwe selbst. Und in der Tat verteidigt sich Adam ja im anschließenden Verhör: »Die Frau, die du mir zugeführt hast, sie hat mir von dem Baum gegeben, und so habe ich gegessen« (3,12). Er schiebt die Schuld auf Jahwe. Das ist so einmalig nicht. Auch viele andere Stellen im Alten Testament vertreten die Verursachung des Bösen durch Jahwe selbst. Er versetzt den Menschen in Furcht und Schrecken, will ihn durch Pest, Hunger und Katastrophen vernichten, verwickelt ihn in Kriege und gibt ihn dem Verderben preis. Fast satanisch sind die Züge Jahwes, der den unschuldigen Ijob mit allen nur erdenklichen Mitteln quält (Ijob 1f.). Jahwe sendet einen bösen Dämon in Saul (1Sam 16,14f.), der ihn nicht nur in Schwermut, sondern auch in krankhafte Eifersucht stürzt (Haag 43-52). Am deutlichsten spricht das Jesaja aus: »Ich, der Herr, und keiner sonst, der ich das Licht bilde und die Finsternis schaffe, der ich Heil wirke und Unheil

schaffe, ich bin's, der Herr, der dies alles wirkt« (45,7). Allerdings muß man berücksichtigen: Hier ist das physisch »Böse«, nicht das moralisch Böse gemeint (s. auch Jes 6,10; Ps 88). Die später gestellte Frage, »ob ein Wesen, das Schlechtes bewirkt, nicht selbst schlecht sein müsse, hatte für sie (die Israeliten) noch keine Bedeutung. Sie verlagerten alle Wirkkräfte des Lebens, dunkle wie helle, ängstigende wie beglückende, bedrohliche wie rettende in Jahwe hinein. Er war der Urgrund, die einzige Kausalität ihres Lebens« (Haag 49).
Für uns heute wird das Dilemma noch deutlicher. Wenn wir das Problem zu Ende denken, dann gibt es eigentlich nur zwei Möglichkeiten: Entweder wir hinterfragen unsere Gottesvorstellung nach der Plausibilität des Bösen. So hat zum Beispiel Hans Jonas einem allmächtigen, allgütigen, verstehbaren Gott den Rücken gekehrt und den leidenden, veränderbaren, durch das Schicksal des Menschen affizierbaren und sich sorgenden Gott eingefordert, einen Gott, der in das Leid und das Böse nicht eingreift, weil er darauf verzichtet. Dieses Motiv des mit-leidenden Gottes spielt in der modernen Theologie (zum Beispiel bei Moltmann) eine große Rolle (s. dazu Groß/Kuschel 170-175), bietet jedoch keine wirkliche Lösung, zumindest entspricht sie nicht biblischem Verständnis. – Oder wir geben den Glauben an Gott überhaupt auf.
Wahrscheinlich müssen wir uns so oder so damit zufrieden geben, daß das Böse konstitutiv zum Menschen gehört und dieser, in eine Versuchung gestellt, mit an Sicherheit grenzender Wahrscheinlichkeit dieser Versuchung erliegt. Jedenfalls wurde Gott nie ohne eine gewisse Dunkelheit erfahren und gedacht.

2. Es geht nicht darum zu erklären, worin diese Sünde bestand. Denn hier ist ein Phänomen angesprochen, das wiederum den Menschen in seinem konstitutiven Sosein betrifft. Jahwe hatte den Baum der Erkenntnis von Gut und Böse für den menschlichen Gebrauch ausgegrenzt, weil die Menschen sonst sterben müßten. Die Schlange behauptet, Jahwe habe den Baum verboten, weil die

Menschen sonst seien wie Gott, das heißt »klug werden«. Wer hatte recht, Jahwe oder die Schlange? Die Menschen sterben, aber sie sind offenbar klug geworden. Wollte Jahwe nicht, daß die Menschen klug werden? Warum wollte er das nicht? Oder wollten es nur seine christlichen Interpreten nicht? (Für die Juden zum Beispiel ist der Sündenfall ein unvermeidbarer Konflikt, der auf der Tatsache beruht, daß dem Menschen die Freiheit gegeben ist. Ohne Freiheit aber sei eine Gottesbegegnung überhaupt nicht möglich.)

Offenbar haben die Menschen der mythischen Zeit Klugheit und Weisheit als etwas Gefährliches verstanden, etwas, das ihnen ihrer Bestimmung nach nicht zustand. Kluge Menschen sind verdächtig, weil sie mehr wissen als andere, andere beeinflussen und manipulieren können. Klug werden zu wollen ist deshalb eine Anmaßung. Hat nicht auch die Kirche Wert darauf gelegt, daß ihre »Schäfchen« nicht zu klug werden? Sie durften bis in unser Jahrhundert hinein nicht einmal die ganze Bibel lesen. Papst Johannes XXII. hat 1329 den Mystiker und Kirchenlehrer Meister Eckhart als Häretiker verurteilt mit der Begründung: »Er wollte mehr wissen als nötig war.« Und wurde nicht deshalb den Frauen solange ein Studium vorenthalten, damit sie nicht zu klug wurden? Denn Wissen ist Macht.

»Wie Gott sein« wurde meistens als Hybris gedeutet. Hybris ist jedoch ein Begriff, der auf die griechischen Mythen zutrifft. Es ist ein Verhalten, das die Grenzen der Ordnung übermütig und anmaßend überschreitet. Tantalos, der die Allwissenheit von Zeus auf die Probe stellte, Sisyphos, der sogar den Tod überlistete, Prometheus, der den Göttern das Feuer für die Menschen stahl, das sind typische Beispiele für hybrides Verhalten. Auf die altorientalischen Mythen trifft das kaum zu. Sowohl im akkadischen Adapa-Mythos als auch im akkadisch-sumerischen Gilgamesch-Epos erringen die Helden die Weisheit (Klugheit), müssen allerdings auf ein dauerhaftes Leben verzichten. Adapa kann wählen zwischen Weisheit und Leben – er wählt die Weisheit. Enkidu wird von einer Kultdirne in die Zivilisation eingeführt. Damit ist er ein (anderer) Mensch geworden. Die Tiere, mit denen er bis dahin gelebt hatte, meiden ihn nun. Er ist von einem naturhaften in einen wissenden Zustand geraten. Deshalb stellt die Kultdirne am Ende fest: »Weise bist du, Enkidu, du bist wie ein Gott.« Ähnliche Erzählungen scheinen hinter Ijob 15,7f. zu stehen. Elifas bezieht sich offenbar auf eine alte mythische Vorstellung, wenn er in seiner zweiten Rede Ijob vorwirft: »Bist du als erster Mensch geboren, kamst du zur Welt noch vor den Hügeln? Hast du gelauscht im Rate Gottes und die Weisheit an dich gerissen?« Und schließlich wird in dem Klagelied Ez 28,11-19 der Sturz des Königs von Tyrus mit dem Sturz des Urmenschen vom Gottesberg gleichgesetzt. Dieser Urmensch war ausgestattet mit Weisheit und Schönheit.

Diese Texte zeigen, daß der Sündenfall in einer Traditionsgeschichte steht. Und aus ihr kann man nicht schließen, daß Gott die Menschen dumm halten wollte. Vielmehr geht es um den Konflikt, der sich daraus ergibt, daß der Mensch mit dem Verlangen nach Erkenntnis und nach Leben geschaffen ist. »Klug« kann er zwar mehr oder weniger werden, ewig leben jedoch kann er nicht. Allerdings will und muß er seine Grenzen immer wieder überschreiten, um weiterzukommen. »Sein wie Gott« ist dann eine »das ganze Menschsein umfassende und bestimmende Erkenntnis«, eine »Daseinssteigerung«, eine »auf das höchste gesteigerte Befähigung zur Bewältigung des Daseins« (Westermann 337). Da geht es nicht um Details, etwa um Erkenntnis im intellektuellen oder materiellen oder sexuellen Sinn, sondern um eine Steigerung der Fähigkeiten zum besseren Leben. Damit ist auch die hartnäckige Deutung, es habe sich um eine sexuelle Sünde gehandelt, abgewiesen. Zwar gehört auch sexuelles Verhalten zum Erkennen (nicht ohne Grund ist »erkennen« das Wort für Geschlechtsverkehr; Gen 4,1 u.ö.), und insofern ist es in »klug werden« mit drin. Auch im sexuellen Erkennen geht es ja um die Sehnsucht nach Ganzheit, nach Erweiterung des Bewußtseins.

Aber es ist nicht primär oder gar ausschließlich Sexualität gemeint, und schon gar nicht als Sünde. Schließlich ist bemerkenswert, daß feministische Theologinnen (Sölle, Halkes, Goldstein) noch einmal differenzieren. Wenn die Sünde schon in Hochmut und Stolz bestanden hätte – für die Frau träfe das auf keinen Fall zu. Ihre Sünde läge eher in einem Fehlen von Mut, sie selbst zu sein und Verantwortung für sich selbst zu übernehmen (Praetorius 23).

Die Ursünde ist also materialiter nicht zu fassen. Vielmehr hat sie, wie Westermann (378) betont, für den Jahwisten im Ungehorsam gelegen. Er kannte das Problem des Ungehorsams aus der Geschichte seines Volkes Israel mit seinem Gott: Abfall, Untreue, Verrat und dann immer wieder das Erbarmen Gottes. Hier hatte die Sünde in seinen Augen ihren Ursprung, hier hat sie auch universalen Charakter, denn sie betrifft den Menschen schlechthin. Es ist, so könnten wir es heute sagen, jenes Verhalten, das sich nicht an Verantwortung und Gewissen bindet, sondern rücksichtslos die eigenen Kenntnisse und Fähigkeiten einsetzt, um die Natur auszubeuten und mit anderen Menschen in machtergreifende Konkurrenz zu treten.

Es ist nicht zu hinterfragen, warum der biblische Autor Jahwe den Menschen ein Gebot geben läßt, das sie aus ihrem Wesen heraus übertreten müssen. Es ist eher die Frage, was für ein Gottesbild dahinter steht und ob es heute noch gültig sein kann. Definiert sich der Mensch wirklich durch eine Beziehung zu Gott, die von Geboten und Verboten bestimmt ist? Und braucht ein Gebot Gottes nicht einsichtig zu sein? Das würde mit der modernen Anthropologie nicht mehr übereinstimmen.

3. Es geht schließlich nicht um eine moralische Wertung der Sünde. Jedenfalls enthält sich der Jahwist jeden Kommentars. Er erzählt, wie eben Mythen und Märchen erzählen. Deshalb gibt er auch auf die Frage, warum es die Frau war, die von der Schlange verführt wurde, keine Antwort. Die jahrhundertelang weiterge-

reichte Behauptung, die Frau sei labiler und verführbarer als der Mann, trifft nicht zu. Das beweist ein Blick in das alltägliche Leben. Die Korrumpierbarkeit des Mannes durch Ruhm, Macht und Reichtum ist genauso schwerwiegend und ausgeprägt wie die angebliche Anfälligkeit der Frau für Reichtum, Schönheit, Luxus und gutes Image. Auch die feministische Deutung, der Mann sei stumpf, unbeweglich und lebensmäßig dumm, trifft nicht zu. Adam hatte bereits mit dem Jubel zu Evas Willkommen emotional und mit der Benennung der Tiere intellektuell das Gegenteil bewiesen. Eher scheinen mir die Gründe in der literarischen Abhängigkeit von vorliterarischen Quellen und in der zeitgebundenen Vorstellungswelt zu liegen. Ein Autor mußte sich an die überlieferten Gestaltungselemente halten. Und so sind auch »Frau«, »Baum« und »Schlange« im mythischen Weltbild verankert. Sie stehen für eine bestimmte Aussage.

## Baum, Schlange, Frau

Um der Dramatik des Sündenfalls, in den sich Adam und Eva verstricken, gewahr zu werden, müssen wir diese drei Handlungsträger näher beleuchten.

Der *Baum* hat von jeher symbolische Bedeutung. Besonders für den Orientalen war er ein Zeichen der Hoffnung und des Lebens. Mit seinem Grün und durch seine Größe in der Wüste und Steppe weithin sichtbar, verhieß er Wasser und Fruchtbarkeit. Er wurde für heilig gehalten und verehrt. Man hielt Opfer unter ihm ab und wählte ihn zum Treffpunkt wichtiger Zusammenkünfte (vgl. Debora). Sein Absterben und Neuwachsen, seine Blüten und Früchte standen immer in Analogie zum Leben. Berücksichtigt man noch die ästhetische Seite (»lieblich anzusehen«) und den verheißungsvollen Genuß (»gut zu essen«, »begehrenswert«; 3,6), dann ist es fast notwendig, daß die Versuchung unter einem Baum

stattfindet und Adam und Eva dieser Versuchung nicht widerstehen können.
Neuere Forschungen haben ikonographisch wie archäologisch nachgewiesen, daß Baumgöttinnen im antiken Vorderen Orient eine große Rolle spielten (Schroer; Keel/Uehlinger 263f.). Im phönizisch-kanaanäischen Raum verehrte man die Vegetationsgöttin Aschera, und zwar unter dem Symbol eines grünen Baumes als Ausdruck der die Wechsel der Jahreszeiten überdauernden Lebenskraft. Diesen Kult fanden die Israeliten vor, als sie in das Land der Kanaanäer einwanderten. Zwar wurde die Aschera-Verehrung offiziell als Sünde abgelehnt (1Kön 15,13; 2Kön 21,3-7). Dennoch war sie bis in die Zeit des Exils nicht auszurotten, wie eine Inschrift mit der Aufschrift »Jahwe und seine Aschera« nahelegt.
Nicht uninteressant ist es, daß bereits bei den Kirchenvätern Maria mit einem Baum in Verbindung gebracht wird. Entweder hat sie als Paradieserde den Lebensbaum Christus hervorgebracht (Johannes Damascenus), oder sie war selbst der Lebensbaum, der der Menschheit Christus als Frucht schenkte. Die Verbindung Marias mit vorchristlichen Baumheiligtümern lassen noch heute die Namen verschiedener Wallfahrtsorte erkennen: Maria-Linden, Maria-Buch u.ä.

In einer ähnlichen Nähe zum Baum wie die Frau steht auch die *Schlange*. Sie ist, mythologisch und märchenhaft gesehen, ein hochinteressantes Tier. Bei den Griechen war die Schlange in Verbindung mit dem Baum Ausdruck des Lebens. Auf der Akropolis ist die Burgschlange (hier männlich) Hüterin des Heiligtums. Sie windet sich um einen Ölbaum zum Zeichen dafür, daß sie dem Land Reichtum und Fruchtbarkeit garantiert. Bei der Pythonschlange in Delphi läßt Gaia, die Erdmutter, einen Lorbeerbaum pflanzen. Auch die Goldäpfel am Baum der Hesperiden werden von einer hundertköpfigen vielsprachigen Schlange bewacht.

Im übrigen erscheint die Schlange eher als Sinnbild dämonischer Ambivalenz. Und so tritt sie auch in unserer Geschichte auf. Ihr werden viele positive und negative Eigenschaften zugeschrieben, denn sie wirkt schillernd und zwiespältig. Sie hat keine Füße und bewegt sich doch blitzschnell weiter. Ihr Weg verläuft nicht gradlinig, sie windet sich in Serpentinen und verbindet rechts und links miteinander. Sie wohnt im unzugänglichen Dunkel, in Höhlen und Felsgestein und liegt stundenlang in der heißen Sonne. Sie ist klug, aber nicht eindeutig in ihrem Verhalten. Sie ist doppelzüngig. Wegen fehlender Geschlechtsmerkmale erscheint sie als ungeschlechtlich, gilt aber auch als Phallussymbol. Sie ist nackt, trägt aber eine Schuppenhaut. Ihr giftiger Biß ist tödlich, in kleinen Dosen aber heilsam. Kein Wunder, daß sie bei den Nomaden in der Wüste gefürchtet, aber gerade aus Angst für heilig gehalten und mit Ehrfurcht behandelt wurde. Denn sie ist fremdartig und unheimlich. Bei einer Begegnung mit ihr geht es immer um Leben und Tod.

Nach ägyptischer Vorstellung hausen in der Totenwelt feuerspeiende Schlangendämonen. Aber als Auge des Sonnengottes Re wehrt die Schlange alles Böse ab, und als Uräus wird sie zum Stirnemblem der Könige. In der griechischen Sage von Laokoon wird sie zum Symbol des Todes. Indem sie sich häutet und regeneriert, ist sie ein Hinweis auf die Unsterblichkeit. Und als Äskulapschlange ist sie noch heute ein Zeichen ärztlicher Heilkunst. Sie steht als Sternbild am Himmel und umschlingt als Midgardschlange bedrohlich die Erde.

Ambivalent wird sie auch in der Bibel gesehen. »Seid klug wie die Schlangen« (Mt 10,16), fordert Jesus die Jünger auf. Mose macht, wie ein Homöopath heilend, auf Jahwes Befehl eine eherne Schlange, um das Volk auf dem Zug durch die Wüste vor der Schlangenplage zu retten (Num 21,4-9). Diese Mose-Schlange wurde Vorbild für den gekreuzigten Jesus (Joh 3,14f.). Im übrigen ist sie jedoch eher bedrohlich und abgründig (Röm 16,20; Offb 12,9). Schließlich hat der Jahwist in unserer Erzählung zwar das

Motiv der Schlange positiv als Lebens- und Weisheitstier von den Kanaanäern übernommen, aber gleichzeitig in Ablehnung der heidnischen Fruchtbarkeitskulte, vor allem des Baalkults, negativ umgestaltet.

*Baum – Schlange – Frau* gehören für den Jahweisten eng zusammen (vgl. Schüngel-Straumann 118-120). Es wäre nach den überlieferten Vorstellungen unmöglich gewesen, die Frau durch den Mann zu ersetzen. Deshalb ist wohl auch die Frage wenig sinnvoll, ob die Frau die Klügere und Adam geistig weniger beweglich oder ob die Frau verführbarer und Adam der Charaktervolle sei. Die Schlange ist das Medium, durch das beide zusammen zur Erkenntnis geführt werden.
Es ist nicht ohne Sinn, daß diese Erkenntnis szenisch durch das Essen einer Frucht vermittelt wird. Die älteren Traditionen kennen nur einen Baum, den Lebensbaum, oder ein Lebenskraut. Dieses Motiv entstammt einem magischen (= amythischen) Daseinsverständnis. Märchenhaft wird erzählt, daß dem Menschen trotz aller Suche dieses Mittel zum Leben verloren ist. Diesem Lebensbaum schaltet der Jahwist den Baum der Erkenntnis parallel. Zwar bleibt das Verhältnis der beiden Bäume zueinander ungeklärt. Der Verfasser nahm allerlei Material, das er vorfand, auf, verarbeitete es allerdings nur mangelhaft. Da die beiden Bäume jedoch in unserem Text nebeneinander stehen, dürfen sie wohl auch zusammengesehen werden. Symbolhaft ist damit ausgedrückt, daß es kein Leben ohne Erkennen und kein Erkennen ohne Leben gibt. Und auch in der Gestalt der Schlange laufen Leben und Weisheit zusammen. Darauf weist das sumerische Gilgamesch-Epos hin. Als Gilgamesch, entsetzt über den Tod seines Freundes Enkidu, nach langer Suche endlich das Lebenskraut gefunden hat, legt er es an einem Brunnenrand ab, um zu trinken. Da kommt eine Schlange aus dem Geröll, stiehlt es ihm und frißt es auf. Seitdem häutet sich die Schlange (das ist wiederum eine ätiologische Erklärung), und das heißt, daß sie für un-

sterblich gehalten wird. Denn sie kann ihr Leben immer wieder erneuern. Sie hat also nicht nur das dauerhafte Leben, sondern ist auch schlauer als die anderen Tiere. Was in unserer Geschichte im Gespräch zwischen ihr und der Frau nach außen projiziert ist, spielt sich in Wirklichkeit im Inneren des Menschen ab. Die Schlange ist die personifizierte Ambivalenz. Das macht der Verlauf der Versuchung deutlich (zum psychologischen Prozeß der Versuchung s. Drewermann 2; 53-74).

## Die Schlange wendet sich an Eva

Der Dialog fängt so harmlos an. Die Schlange zeigt sich interessiert an den Menschen. Einfühlsam erkundigt sie sich, wie das wohl gemeint sei mit dem Verbot. Sie ist offensichtlich nicht richtig informiert. Deshalb übertreibt sie. Und damit gibt sie der Frau die Gelegenheit, Recht zu haben, ja sogar Gott zu verteidigen. Indem die Frau jedoch das Verbot, vom Baum zu essen, verschärft (»auch nicht berühren«) und selbst nicht bei der Wahrheit bleibt, belastet sie Gott. Er hatte ja gar nicht verlangt, daß die Früchte nicht einmal angerührt werden. Das von der Frau dem Eßverbot hinzugefügte Berührungsverbot läßt auf eine der Erzählung zugrunde liegende uralte Tabuvorstellung schließen (Dohmen 294). Ein Tabubruch hatte immer den Tod zur Folge, wenn er nicht durch ein besonderes Opfer rückgängig gemacht wurde. Man spürt Evas Erregung, als sie Gott verteidigt, man spürt ihren Zweifel. Wer sich verteidigt, ist unsicher. Mißtrauen faßt Fuß. Schon jetzt hat die Frau ihre Unschuld verloren. Die Schlange – lügt sie, oder weiß sie es besser? – bestreitet die angedrohten Folgen. Sie tut das mühelos und nimmt damit der Frau die Angst. Denn sie »kennt« Gott: Er ist mißgünstig und kleinlich. Hat Jahwe etwa gelogen? Diese Frage muß sich die Frau nun stellen. Und damit wird es gefährlich. Es bleibt ihr nichts anderes übrig, als es auszuprobieren. Das Verbot, wie alle Ver-

bote, gewinnt an geradezu magischer Anziehungskraft. Es ist wie ein Sog. Die Berührungsangst wird unerträglich. Die Sinne unterstützen das Verlangen, klug zu werden. Die Spannung löst sich erst durch den Griff zur Frucht.
Die Frau handelt selbständig und in eigener Verantwortung. Sie berät sich nicht mit Adam und fragt ihn nicht nach seiner Meinung, aber sie handelt für ihn mit. Partnerschaftlich teilen sie die Frucht, die Erkenntnis und das Leben. Daß die beiden nicht miteinander sprechen, hat wohl wieder einen literarischen Grund: In sehr alten märchenhaften Erzählungen findet ein Gespräch fast ausschließlich als Dialog statt, das heißt, es reden jeweils nur zwei einzelne Menschen miteinander. Ein Gespräch, an dem mehrere Personen gleichzeitig beteiligt sind, ist unüblich. Dennoch ist Adam mit gemeint. Aber die Frau verführt Adam auch nicht. Er steht neben ihr, er »macht einfach mit« (Westermann 340).

## Sie merken, daß sie nackt sind

Und damit ist die Naivität dahin. Vorher heißt es: »Und die beiden... waren nackt und schämten sich nicht« (2,25). Nachher aber gehen ihnen die Augen auf, und sie werden gewahr, daß sie nackt sind. Liegt darin die Erkenntnis? Ist das das Klugwerden? Die Erfahrung, nackt zu sein, muß für die beiden so unerträglich sein, daß sie etwas dagegen tun müssen. Sie basteln sich Lendenschurze aus Feigenblättern. Und sie verstecken sich, wie Kinder, die ertappt wurden. Sie fühlen sich nicht mehr wohl, sind bloßgestellt. Für Jahwe ist ihr Wissen um die Nacktheit der Beweis dafür, daß sie vom Baum der Erkenntnis gegessen haben. Ist die Schamreaktion ein Schuldgeständnis?
Auch andere Völker der Urzeit wissen, daß die Menschen ursprünglich nackt waren, sich aber deswegen nicht schämten. Wahrscheinlich spiegelt sich darin die vage Erinnerung an den Beginn der Entwicklung zum Menschen wieder. Dann ist die

Anfertigung eines Lendenschurzes ein evolutiver Schritt. Die Scham veranlaßt Adam und Eva zu einer Erfindung. Sie werden kreativ. Ihre Einschätzung der Wirklichkeit hat sich verändert. Von nun an sind sie nicht mehr imstande, sich Natürlichem gegenüber natürlich zu verhalten. Sie sind verletzlich geworden. Scham schützt ihre Würde. Sie erleben sich nun als Individuen. Sie erfahren, existentialistisch gesprochen, die Einsamkeit des Ich. Den Israeliten war Nacktheit immer ein Greuel. Sie galt als abstoßend und entehrend. Vor allem die Frau durfte sich nicht nackt zeigen. In den Drohreden der Propheten wird die nackte Frau zum Zeichen der Untreue und des Abfalls von Gott (Jes 47,2f.; Nah 3,5; Hos 2,12).

Nacktheit, scheint mir, hat nicht unmittelbar mit Moral zu tun. Sie ist vielmehr ein Zeichen dafür, daß der Mensch seine Menschlichkeit erfährt, und das bedeutet auch: seine Ambivalenz und Gebrochenheit, natürlich auch seine Schuld. Diese Erfahrung setzt ein Bewußtsein seiner selbst voraus. Als Adam und Eva den Lendenschurz erfanden, machten sie sich auf den Weg in die Zivilisation. Hatte am Ende Gott selbst diese Chance zum Überleben gewollt?

## Sie werden verhört und schuldig gesprochen

Das Verhör (3,8-13) und die Urteilssprüche (3,14-19) sind wiederum ein Meisterwerk literarischer Gestaltung. Man beachte nur die Dialogführung. Seit dem Auftauchen Evas lebten Adam und Eva miteinander. Der Sündenfall führte sie noch enger zusammen. Gegenseitig hatten sie sich geholfen, miteinander hatten sie sich versteckt. Nun aber kommt ein Riß in die Beziehung. Gleich die erste Belastungsprobe besteht sie nicht. Jeder, auf sich gestellt, versagt dem anderen seine Solidarität. Adam klagt seine Frau an. Er verrät sie, weil er Angst vor Gott hat. Zugleich entlastet er sie, indem er Gott belastet. Er habe ihm ja die Frau schließlich gegeben. Es ist das übliche Muster: Ich bin nicht schuld, der andere ist schuld, eigentlich können wir beide nichts dafür, Gott (das Schicksal, die Natur, die Gesellschaft) ist schuld. Ein Eingeständnis der Schuld könnte befreiend wirken. Die gegenseitige Schuldzuweisung jedoch verstrickt sie und macht aus der Partnerschaft eine Schuldgemeinschaft. Eine problematische Rolle nimmt dabei auch Jahwe ein. Er übergeht den Vorwurf Adams. Indem er aber wirklich Adam diese Frau gegeben hat, wird er fast zum Komplizen.

Die Schuldsprüche verändern noch einmal die Beziehung der beiden Menschen zueinander. Zunächst wird die Schlange entmythologisiert. Sie wird auf ihre tierische Existenz zurückverwiesen und aus der Gemeinschaft mit den anderen Tieren ausgeschlossen. Hinter diesem Urteil steht, literarisch gesehen, wahrscheinlich eine alte ätiologische Tierfabel. Es ist Art der Schlange, auf dem Bauch im Staub umherzukriechen, es ist ihre Art, den Menschen anzugreifen und in den Fuß zu beißen. Und dieser wehrt sich, indem er sie zertritt. Nie wieder soll ein Tier einen Menschen verführen. Es herrscht Feindschaft zwischen der Schlange und dem Geschlecht der Menschen. Die Theologen haben diese Feindschaft immer als den Kampf der Menschen mit dem Bösen verstanden.

Der Mann wird zur Arbeit verdammt. Bei der Frau steht genau der Bereich unter Strafe, der sie als Trägerin des Lebens auszeichnet: Beschwerden in der Schwangerschaft und sexuelle Abhängigkeit vom Mann. Der Jubel ist dahin, der harte Alltag beginnt, die Schwächen in der Konstitution des Menschen werden sichtbar. Das muß auch die Einstellung zueinander verändern. Mann und Frau sind nicht mehr unabhängig und frei. Sie müssen für ihren Lebensunterhalt sorgen und brauchen sich in Sexualität und Liebe. Da müssen sie sich immer wieder arrangieren und Machtkämpfe in der Beziehung aushalten. Sie sind aneinander gebunden, aber diese Bindung ist keine paradiesische Freude.

Immer wieder haben Theologen die Schuldsprüche fälschlich als

anthropologische Aussagen verstanden. In Wirklichkeit aber beziehen sich diese an der damaligen Rechtsprechung orientierten Sprüche gar nicht auf die Übertretung des biblischen Verbots. Sie sind eine nachträgliche ätiologische Erweiterung, die die gesellschaftlichen Verhältnisse zur Zeit des Jahwisten widerspiegeln. Es ist die Zeit der salomonischen Aufklärung (um 950), die eine tiefe soziale Krise heraufbeschworen hat. Waren früher die wirtschaftliche Unabhängigkeit und die Einbettung in den Clan höchste Werte, so wird nun der Bauernstand zugunsten von Großgrundbesitzern aufgelöst. Es entsteht eine Stadt- und Handelsgesellschaft. Viele Männer fliehen in die Wüste und schließen sich zu Banden zusammen (1Sam 22,2). Diese Umschichtung trifft jedoch die Frau noch härter als den Mann. In dieser Zeit geschieht die Prägung des patriarchalischen Gefüges bis hinein ins Gottesbild.
Hat also der Jahwist mit seinen Strafworten seine eigene Wirklichkeit abgelehnt, ja sie sogar als Fluch angeprangert? Wollte er in der Verurteilung der sexuellen Abhängigkeit der Frau vom Mann deutlich machen, daß die Ehe, so wie sie zu seiner Zeit gelebt wurde (die vielen Schwangerschften und die Rechtlosigkeit der Frau), verkehrt ist? Wollte er sagen, daß die vorgefundenen Verhältnisse dem eigentlichen Schöpfungswillen Gottes nicht entsprechen? Durchgesetzt hat sich in der Theologie die andere Richtung, die da glaubt, daß die Schuldsprüche Gottes Wille sind. Und das hatte für Mann und Frau, für die Frau allerdings viel gravierendere, Folgen bis in unsere Zeit.

Noch immer sieht man weitgehend im Mutterglück die höchste Erfüllung für die Frau und mehr oder weniger fraglos den Sinn des Lebens für den Mann in der Arbeit (so Westermann und von Rad). Heute jedoch findet eine grundsätzliche Umwertung der Arbeit statt. Denn wir haben inzwischen zu wenig und nicht zu viel Arbeit. Nicht die Arbeit wird als Strafe erlebt, sondern die Arbeitslosigkeit wird als unmenschlich erfahren. Arbeit ist eben nicht nur Mühsal, sondern sie ist nötig zur Selbstverwirklichung und schafft soziales Ansehen. Die Einschätzung von Arbeit und Nichtarbeit ist demnach kulturell bedingt. Im Wertekonsens der Antike spricht man von Sklavenarbeit, im Mittelalter und auch in den östlichen Kulturen, zum Beispiel im Buddhismus, hat ein höheres Sozialprestige, wer sich eine vita contemplativa leisten kann.

Aber auch die biblische Auffassung von Arbeit ist ambivalent. Auch für die Genesis stimmt es nur zum Teil, daß Arbeit als Strafe über den Menschen verhängt wurde. Schließlich gehört es zum göttlichen Auftrag, daß er sich die Erde untertan mache. Und schon vor dem Sündenfall wurde er von Jahwe in den Garten Eden gesetzt, »damit er ihn bebaue und hüte«(2,15), das heißt, er wird zum Gärtner bestellt, während ihn später die Strafe zur Arbeit als Bauer trifft. Damit entspricht der Text wiederum altorientalischen Quellen. Für die Akkader war Arbeit Last. Sie empören sich dagegen, klagen und rebellieren schließlich gegen die Götter, denn diese haben sie nur geschaffen, um von ihnen mit Speise und Trank versorgt zu werden. Die Akkader denken wie Nomaden. Sie wehren sich gegen den Druck der Zivilisation, sie sind unzufrieden und haben überhaupt ein pessimistisches Weltbild. In ihrer Unzufriedenheit möchten sie sein wie die Götter. Deshalb sucht der akkadische Gilgamesch nach dem Lebenskraut. Für die Sumerer jedoch ist Arbeit selbstverständlich. Sie klagen nicht. Ja sie glauben, durch die Arbeit befähigt zu sein, am Überfluß der Götter teilzuhaben und ihre Stellvertreter zu sein. Sie vertreten den Seßhaften und damit eine höhere Kulturstufe. In der Genesis sind beide Stränge auszumachen (3,17-19b der Bauer; 3,18 und 19c der Beduine), betont ist der akkadische (vgl. Pettinato). So relativieren sich die inhaltlichen Aussagen der Schuldsprüche.

## Und Jahwe?

Die Ambivalenz, die die Menschen durch die Erkenntnis von Gut und Böse errungen haben, wirkt sich jedoch nicht nur auf sie selbst und das Leben überhaupt aus. Auch Jahwe, Gott, ist davon betroffen. War das Verbot wirklich wohlmeinend? Sollte es wirklich die Menschen schützen vor einer bedrohlichen Macht? Jahwe war inkonsequent: Die Ankündigung »dann mußt du sterben« trifft nicht zu. Und verhielt sich Jahwe wie eine Vater? Auf dem Spaziergang sah ich neulich, wie ein kleiner Junge auf seinem Dreirad vor den Eltern herfuhr. Die Straße wurde abschüssig. Die Eltern warnten: »Fahr nicht so schnell, zieh die Bremse an! Du wirst hinfallen, du wirst dir wehtun.« Das Kind hörte nicht, fuhr immer schneller, stürzte hin und weinte fürchterlich. Da lief der Vater hin, hob es auf, tröstete es, trocknete die Tränen. Was tut Jahwe? Er vertreibt die Menschen, nicht ohne ihnen vorher Felle genäht zu haben. Ist das Fürsorge oder Zynismus? Es erinnert ein wenig an die Eltern im Märchen »Hänsel und Gretel«: Sie schicken die Kinder weg, geben sie dem Hungertod preis, nicht ohne ihnen vorher Brot mit auf den Weg gegeben zu haben.

## Der Paradies-Garten

Das ganze Geschehen spielt sich im »Paradies« ab, und damit ist im Grunde schon alles vorgezeichnet. Der biblische Autor verarbeitet hier seine mythologische Kenntnis von einem Paradies mit seiner eigenen Anschauung von einem Garten. Das Paradies hat seinen Ursprung in der orientalischen Literatur. Noch in der Bibel laufen verschiedene Traditionen zusammen. Ist der »Garten in Eden« (Gen 2,8) derselbe wie der »Garten Eden« (2,15; 3,23f.) oder »Eden, der Gottesgarten« (Ez 28,13) oder der »Garten des Herrn« (= Jahwes Garten, Jes 51,3)? Gemeinsam ist allen, daß es sich um eine schöne, gut bewässerte, fruchtbare Landschaft voll

Überfluß handelt. Besonders hohe Bäume stehen in ihr. Sie sind selbst schon eine mythologische Größe. In solchen Tempelgärten leben die Götter und Könige. Durch den Kreislauf der Natur, durch Saat und Ernte versinnbildlichen sie Auferstehung und Tod, und das heißt, ewiges Leben. Zeichen dafür ist der Lebensbaum, der in der Mitte des Tempelgartens steht (von einem Baum der Erkenntnis ist in den orientalischen Mythen nicht die Rede). Zu seinem Schutz werden deshalb auch mythische Wächter aufgeboten, wie sie sonst auch an der Pforte zur Unterwelt postiert sind. Nie aber sind die Tempelgärten den Menschen zugänglich. Jeder Versuch, hineinzukommen oder darin zu bleiben, scheitert an einer nicht zu sühnenden Freveltat (Adapa, Gilgamesch und andere) oder an einem tiefgreifenden Mißverständnis. In einem solchen mythischen Gottesgarten, einem Park, lebte auch Jahwe. Aus ihm wurden die Menschen vertrieben.

Der Tempelgarten der Götter ist das eine Vorbild für unsere Geschichte. Der Garten aber in 2,8, in den Jahwe den Menschen, den er außerhalb des Gartens gebildet hat, setzt, ist ein Baumgarten, wie ihn der Autor aus eigener Anschauung kennt. Er ist im Orient ein kostbarer Schatz, der Inbegriff von Freude und Lust. Er ist voll duftender Kräuter, kostbarer Früchte, blühender Sträucher, mit fließendem Wasser reichlich getränkt. Im Hohenlied wird er sogar mit der Geliebten verglichen. Das Umsorgen und Pflegen, das Genießen, Erfrischen und Ernten, das Umgehen mit dem überquellenden Grün ist Zeichen für Friede und Glück. Von einem Wall oder Zaun umgeben, vermittelt er etwas Bergendes, Schützendes. Beide Vorstellungen fließen in unserer Geschichte ineinander.

Nun ist aber ein realer Garten der Veränderung unterworfen. Es kann keinen Garten geben, in dem alles nur wächst. Ein Garten wird immer wieder neu gestaltet. Die Pflanzen müssen beschnitten, ausgerissen, neu gepflanzt werden. Wenn Jahwe den Menschen in den Garten setzt, wie ein Gärtner eine Pflanze einpflanzt, dann ist das Wachsen und die Veränderung schon vorgegeben.

Der Mensch kann in diesem sich verändernden Garten nicht unverändert bleiben. Auch er muß wachsen und sich entwickeln. Und in der Tat, wie er in den Garten gepflanzt wird, so wird er am Ende wieder herausgerissen. Bereits im Motiv »Garten« geht es um Leben und Tod. Gott hätte keinen Menschen erschaffen, wenn dieser nicht sterblich gewesen wäre.

## Abschließende Überlegungen

Mit der Vertreibung aus dem Garten Eden haben die beiden Menschen den evolutiven Schritt in die Kultur gemacht. Das konnten sie nur zusammen, partnerschaftlich tun. Das Verbot Jahwes hatte die Funktion, den Menschen in seiner Entwicklung zu behindern. Die Schlange symbolisiert den Vorgang, der sich geistig und psychisch in den beiden Menschen abspielt. Die »Sünde« war unausweichlich. Aber was war das für eine Sünde? Dem Anspruch, Ebenbild Gottes zu sein, nicht zu entsprechen, wäre doch eher Sünde gewesen. Mit der Erlangung von Erkenntnis (Klugheit), Entscheidungsvermögen und Urteilskraft wurde auch die Ambivalenz des Lebens deutlich: Gefährdung und Chance zugleich. Von nun an gibt es keine Liebe ohne Schuld, keine Leistung ohne Versagen. Der Mensch erfährt seine Begrenztheit, Ohnmacht, Isoliertheit und Einsamkeit, und er ist doch nicht fähig, in sich selbst seinen Grund zu finden. Aber auch Gott ist nicht zugänglich. Das von Anfang an spannungsgeladene Verhältnis zwischen Jahwe und den Menschen – spannungsgeladen, weil es sonst gar nicht des Verbotes bedurft hätte – führte dazu, daß die Menschen sich noch enger zusammenschlossen.

Unmittelbar nach dem Urteil gibt der Mensch seiner Frau den Namen Eva. Auch wenn dieser Vers im Kontext ein Fremdkörper ist, der Name »Mutter aller Lebenden« ist nicht nur eine Reminiszenz an eine mutterrechtliche Zeit (wie Gen 2,24), er könnte auch als Blick in die Zukunft gedeutet werden, geprägt von

Trauer, Liebe, Trotz und Selbstbewußtsein. Und nicht ohne Grund ist das erste, was nach der Vertreibung von den Menschen berichtet wird, daß sie zusammen schlafen. Im sexuellen Verhalten drückt sich von jeher die Sehnsucht nach Ganzheit aus. Sexualität zu leben ist zudem der Versuch, den Tod zu überlisten und dem Leben eine Zukunft zu geben.

Jahwe bleibt im jenseitigen Gottesgarten. Den Menschen war er zwiespältig begegnet, zuerst behütend und wohlwollend, dann unverständlich, unheimlich, mißtrauisch und kleinlich. Sie bekamen Angst vor ihm und versuchten, sich durch Opfer und Gebete seine Zuneigung zu erwerben – bis auf den heutigen Tag.

Die Ursünde war nicht der Fall aus dem Glück in die Finsternis, sondern das Erwachen aus der Naivität und Dumpfheit zur Ich-Erfahrung. Die Vertreibung war der Anstoß zur Reife. Die erworbene Autonomie versagt den Menschen allerdings die Rückkehr ins »Paradies«.

# Gleichheit in der Liebe

## DIE BEIDEN LIEBENDEN IM HOHENLIED

8,6 *Lege mich wie ein Siegel an dein Herz,*
*wie ein Siegel an deinen Arm!*

*Denn stark wie der Tod ist die Liebe,*
*hart wie die Unterwelt die Leidenschaft.*

*Ihre Brände sind Feuerbrände,*
*eine mächtige Flamme.*

7 *Große Wasser können die Liebe nicht löschen,*
*Ströme schwemmen sie nicht fort.*

*Gäbe einer Hab und Haus für die Liebe,*
*verachten müßte man ihn, verachten.*

Es gibt, soweit ich sehe, nur drei Texte in der Bibel, die das Verhältnis zwischen Mann und Frau direkt ansprechen: Gen 1,27 in theologischer Reflexion (s.S. 50), Gen 2,23 in der Verwandtschaftsformel (s.S. 54) und das Hohelied in poetischer Gestalt. Nur in ihnen wird die Gleichheit der Geschlechter thematisiert. Auch wenn sie literarisch nichts miteinander zu tun haben, könnte man im Hohenlied eine Ausfaltung und Konkretisierung der grundsätzlichen Aussagen der Genesis-Stellen sehen: Mann und Frau wurden gleichzeitig von Gott als sein Ebenbild geschaffen. Sie erleben sich als einander zugehörig. In ihrer leiblichen und geistigen Begegnung verwirklicht sich Menschsein.
Bevor ich auf die Beziehung zwischen den beiden Liebenden eingehe, möchte ich ein paar Vorbemerkungen machen. Denn das Hohelied ist schwer zu verstehen. Das hat vor allem zwei Gründe: die sprachliche Gestalt und die nachträgliche Moralisierung.

## Die sprachliche Gestalt

Das Hohelied besteht aus einer Sammlung von Liebesliedern. Sie stammt im wesentlichen aus der Zeit zwischen dem 8. und 6. Jh.v.Chr. (Keel 14). Einzelne Lieder sind allerdings auch viel älter. Lange Zeit hielt man deshalb Salomo für den Autor des Hohenliedes. In der Tat würden die Lieder sehr gut in die Zeit um 1000 v.Chr. passen, als Salomo sein großes Reich regierte. Niemand konnte sich mit ihm messen, weder an Reichtum noch an Weisheit. Es war eine Zeit des Friedens, aufblühender Kultur und Liberalität. Überall war ägyptischer Einfluß spürbar, in der Organisation des Staatswesens, im Denken und in Literatur und Kunst. So ist es kein Wunder, daß auch die gut ausgebildete ägyptische Liebeslyrik das biblische Hohelied prägte. Die auffallende Hochschätzung der Frau in der ägyptischen Dichtung entsprach auch ihrer Stellung in der Realität. Nirgendwo genoß sie im Alten Orient so viel Freiheit und Selbständigkeit. Diese Wertschätzung ist auch ins Hohelied eingeflossen. Aber auch in Sprache, Stilmitteln und Motiven ist das Hohelied ohne seine ägyptischen Vorbilder nicht verständlich.

Gerade darin allerdings liegt für uns die Schwierigkeit. Die sprachlichen Gestaltungselemente sind uns fremd. Sie bestehen vor allem aus Vergleichen und Metaphern. Und diese stammen alle aus der Erfahrungswelt ihrer Zeit. Oft kennen wir den Vergleichspunkt nicht. Wir sagen heute zum Beispiel »spindeldürr« oder »fleißig wie die Ameisen« und vergleichen damit menschliche Eigenschaften mit einem außermenschlichen Begriff. Das ist für uns einleuchtend. Wenn wir aber, um ein klassisches Beispiel zu nennen, im Hohenlied lesen: »Deine Augen (sind wie) Tauben« (1,15), worin liegt das Gemeinsame von Augen und Tauben? Hier erschließen sich Bild und Realität nicht gegenseitig. Wir müssen zuerst wissen, was die Taube ausdrücken soll, wofür sie steht.

Viele Vergleiche stammen aus der Natur. Sie ist der Lebensraum des biblischen Menschen. Die Israeliten sind eingebunden in den

Rhythmus von Tag und Nacht, Sommer und Winter. Intensiv erleben sie Regen und Hitze, denn sie sind von ihnen abhängig auf Gedeih und Verderb. Kein Wunder, daß die Natur voll von Zeichen und Hinweisen ist für die Geliebte und den Geliebten. Jede Blume, jeder Baum, Weinberg, Bach, jedes Tal, vor allem ein fruchtbarer Garten spricht von der Liebe. Während wir (seit dem jungen Goethe und der Romantik) eher unser Gefühl in die Natur hineintragen, ist für den biblischen Menschen die Natur ein Signal, das ihn auf den geliebten Partner hin anspricht.

Ein besonders auffälliges Gestaltungsmittel ist die literarische Travestie (Verkleidung). Was bedeuten die verschiedenen Rollen, in die die Liebenden schlüpfen? Wozu versetzen sie sich in den Königsstand oder werden zu Hirten? Auch die Travestie hat eine andere Bedeutung als bei uns seit dem 17. Jahrhundert. In unserer Literatur hat sie die Funktion, andere Autoren zu verspotten, im Hohenlied wird damit ein anderes Lebensgefühl ausgedrückt.

Wir können auch eine Metapher nicht mit Sicherheit deuten. Eine Metapher verwendet ein Wort in einem Sinn, der ihm ursprünglich nicht zukommt. Wenn etwa die junge Frau bittet, die Füchse aus dem Weinberg zu vertreiben, dann meint sie nicht die Tiere, sondern andere junge Burschen, die ihre Liebe stören. Jede Metapher setzt also wiederum das Verstehen ihrer Elemente voraus. Wir können diese zwar in ihrem symbolischen Ausdruckswert aus Literatur, Ikonographie oder aus archäologischen Funden weitgehend erschließen. Oft allerdings fehlt die Eindeutigkeit. Aber das macht auch wiederum das Reizvolle dieser Dichtung aus. Es verleiht ihr etwas Schwebendes, das das Markante des Nominalstils mildert.

Die Lyrik des Hohenliedes ist anders, als wir es gewohnt sind. Zwar wird auch im Hohenlied erlebtes Gefühl dargestellt, aber das geschieht in einer Kunstsprache, die mit festgelegten Elementen arbeitet. Sie bilden so etwas wie einen Code. Die individuelle Note des Dichters bestand lediglich darin, daß er alte Kombinationen auflöste und neue Zusammenstellungen wagte.

## Spätere Moralisierung

Der zweite Grund, warum wir Mühe haben, das Hohelied zu verstehen, ist unsere komplizierte Einstellung zur Sexualität. Zwar dürfen wir nicht übersehen, daß die Problematik und Ambivalenz der Sexualität bereits in der Struktur des Menschen liegt. Anders wäre es nicht zu verstehen, daß die Menschen immer Probleme hatten, ihre Sexualität in ihre Person zu integrieren und in einer Partnerschaft zu leben. Die zahllosen Sexualtabus in allen Kulturen und Völkern geben davon Zeugnis. Dennoch wird Sexualität unterschiedlich erfahren und gelebt. Bei uns hat sich in einer jahrhundertelangen Tradition vor allem unter kirchlichem Einfluß allem gegenüber, was mit Sexualität zu tun hat, eine große Vorsicht und Skepsis herausgebildet. Ermahnungen zu Keuschheit und Enthaltsamkeit sowie Drohungen mit Sündenstrafen haben Verunsicherungen hervorgerufen. Demgegenüber sind nach dem Alten Testament Sehnsucht und Verlangen nach dem Partner bereits in der Schöpfung angelegt, und deshalb sind auch alle Dinge, die mit Sexualität zu tun haben, selbstverständlich.

Je mehr sich jedoch orthodoxe und liturgisch strenge Kreise im Judentum ausbreiteten, um so dringlicher erhob sich die Frage: Was sollen Liebeslieder, die ausschließlich die erotische Liebe besingen und nichts mit Gott zu tun haben, in der Bibel? Sehr früh schon setzte darüber eine große Irritation ein. Man brauchte eine Erklärung und Rechtfertigung, und diese sah man seit dem zweiten nachchristlichen Jahrhundert in der übertragenen oder geistigen Deutung. Aber je höher man den Text pries, um so weniger nahm man ihn ernst.

Hinzu kam eine verstärkte Tendenz, die Frau für weniger wert, ja für gefährlich zu halten. Bereits im biblischen Buch Kohelet (3. Jahrhundert v.Chr.) heißt es: »Bitterer als der Tod ist die Frau. Sie ist ein Fangnetz, ihr Herz ist ein Garn, ihre Hände sind Fesseln. Wer Gott gefällt, der entrinnt ihr, wer aber sündigt, wird von ihr gefangen« (Koh 7,27). Und wenn die Schüler Akibas, Rabbi Meir und Rabbi Juda ben Ebaj (Tosefta Berakot VII 18), bereits im 1. Jahrhundert n.Chr. ihre Schüler verpflichten, Jahwe zu danken, daß er sie nicht als Frau erschaffen habe (was noch heute ein orthodoxer Jude jeden Tag tut), werden sie wohl mit der offen zur Schau getragenen Erotik der jungen Frau im Hohenlied Schwierigkeiten gehabt haben. So hielt man es für unzumutbar, daß der Heilige Geist einen Text inspiriert hätte, in dem die erotische Liebe besungen wird, und so wurden die beiden Liebenden zu Jahwe und seinem Volk Israel umgedeutet.

Daß die christliche Auslegung des Hohenliedes sehr bald in die Fußstapfen der jüdischen trat, ist angesichts der Sexualfeindlichkeit der frühen Kirche – die in Augustinus ihren einflußreichsten Vorkämpfer fand – nicht verwunderlich. Man bezog nun also die im Hohenlied besungene Liebe auf das Verhältnis zwischen Christus und der Kirche, Christus und der einzelnen Seele, Christus und Maria. Es war eine verhängnisvolle Entwicklung: Aus der Leib- und Frauenfeindlichkeit ergab sich eine überhöhte Deutung des Hohenliedes und aus dieser wieder eine noch stärkere Abwertung von Erotik und Sexualität. In seiner ursprünglichen Bedeutung war das Hohelied gestorben. Strenge Moral und fromme Prüderie hatten sie umgebracht.

Heute ist die allegorische Deutung auch von den katholischen Theologen aufgegeben, in der kirchlichen Verkündigung wird das Hohelied jedoch immer noch als »weltlich« und »unreligiös« gemieden.

## Liebe im Dialog

Obwohl es sich um einzelne Liebeslieder handelt – denn es gibt in ihnen keine Kontinuität, keine Entwicklung –, haben sie dennoch eine innere Einheit. Sie wird nicht nur durch Sprache, Form, Stil und Metaphern hergestellt. Sie liegt auch in der Beziehung der beiden Liebenden, die für das alte Israel unüblich ist. Will man wissen, wie zwei Menschen zueinander stehen, dann muß man zuhören, wie sie miteinander oder übereinander reden. Uns erscheint heute die direkte Rede in der Lyrik fremd, in der altägyptischen Liebeslyrik war sie selbstverständlich. Auch im Hohenlied reden die Liebenden oft miteinander. Fünf Dialoge finden wir vor: 1,7f.; 1,15-17; 2,1-3; 4,12-5,1; 7,7-11. Bereits die Form des Dialogs ist Ausdruck dafür, daß sich die beiden gleich wichtig und gleichwertig einander gegenüberstehen, daß die Rollen gleich verteilt sind. Aber auch inhaltlich setzt der Dialog Gemeinsamkeit voraus. Jeder der beiden Gesprächspartner muß sich auf den anderen einstellen, er muß ihn sehen und hören, ihm zuhören, ihn ausreden lassen, und wenn das Gespräch zufriedenstellend sein soll, muß er offen sein für das Anderssein des anderen, seine individuellen Züge und Ansichten und ihn selbst ernst nehmen. Nur so findet zwischen Menschen ein wirklicher Austausch statt. So ist es auch bei unseren beiden Gesprächspartnern. Oft folgt auf eine Frage eine Antwort, oft werden Satzteile wörtlich wiederholt, beide äußern denselben Gedanken, fühlen dasselbe, stimmen einander zu. Offen und unbefangen reden sie über ihre Liebe. Manchmal klingt es wie ein streng gebautes Duett, so in 1,15f.:

*Schön bist du, meine Freundin,*
*schön bist du!*
*Deine Augen sind Tauben.*

*Schön bist du, mein Geliebter,*
*verlockend,*
*und Laub ist unser Lager.*

Der Ball wird hin und her gespielt, bis er in einem Wunsch oder in einer gemeinsamen Erfahrung zur Ruhe kommt.
Die Ausgewogenheit ihrer Beziehung zeigt sich auch in der Verteilung der Gesprächsanteile auf die beiden Liebenden. Daraus darf man sogar schließen, daß die Frau die Aktivere ist. Sie ergreift

häufiger die Initiative: »Komm, mein Geliebter, wir gehen hinaus aufs Feld ... dort will ich dir meine Liebe schenken« (7,12 oder auch 1,2; 1,7f.; 3,1-5 u.ö.). Sie ist die Mutigere, setzt ihren guten Ruf aufs Spiel und nimmt bei ihrem verzweifelten Umherirren in den nächtlichen Straßen der Stadt Mißverständnisse und Gefahren auf sich:

*Ich war außer mir, als er weglief,*
*ich suchte ihn, und ich fand ihn nicht,*
*ich rief ihn, und er gab keine Antwort.*

*Ich stieß auf die Wächter bei ihrer Runde durch die Stadt.*
*Sie schlugen mich, verletzten mich,*
*rissen mir das Kopftuch weg,*
*die Wächter der Mauern (5,6f.).*

Sie äußert so freimütig wie er, ja freimütiger noch ihre Wünsche und Bedürfnisse, sie spricht wie er ihre Sehnsucht und ihr Verlangen offen aus: »Wenn er mich doch küßte!« (1,2). Sie bekennt: »Krank bin ich vor Liebe« (2,5). Das spricht von einem großen Selbstbewußtsein, wie es sonst in der Bibel bei einer Frau nie zum Vorschein kommt. Die Reaktionen des jungen Mannes auf ihre Erscheinung und ihre Koketterien sprechen für sich. Sie verwirrt ihn mit ihren Blicken, sie macht ihn verrückt (4,9), was wiederum sie dazu veranlaßt, stolz festzustellen: »Nach mir geht sein Verlangen« (7,11). Der Fluch bei der Vertreibung aus dem Paradies »Nach deinem Mann sollst du verlangen, er aber wird über dich herrschen« (Gen 3,16) hat sich ins Gegenteil verkehrt. Nun sind sie beide voneinander abhängig.
Auch die Bilder und Vergleiche sind sich ähnlich, gleich, ob die junge Frau oder der Freund sich artikuliert, viele sind austauschbar, zum Beispiel die Metapher »Balsambeete«. Einmal sind damit die Wangen des Geliebten gemeint (5,13), einmal sind sie Inhalt des Gartens und stehen für die Geliebte (4,14). Dennoch gibt es

kleine Akzentverschiebungen. Für die Frau stehen mehr die Bilder aus der Natur (zum Beispiel Narzisse, Blume, Granatapfel, Weinberg, Garten, Sonne und Mond, Balsam), für ihn kommen solche aus der Architektur hinzu (Säulen, Sockel, Ringe, Thronsitz). Dem Reichtum und der Erfüllung in Sexualität und Liebe entsprechen der Luxus (goldene Ketten, silberne Perlen, Zedernholz, Salben, Öle, Parfüm) und die überbordende Fülle an Früchten und Kostbarkeiten. Die Liebeswerbung geht mehr vom Mann aus (»Laß mich dich anschauen...«, 2,14), Sehnsucht und Verlangen äußert eher die Frau (»den ich so innig liebe«, 1,7). Den Mann sprechen mehr die körperlichen Reize (Stimme, Düfte, Make-up) und die Schönheit der Frau an. Sie erwecken Vorfreude auf die Vereinigung (im Bild von Wein, Honig und Milch), für die junge Frau sind Gefühle und Vorstellungen Auslöser für Sehnsucht (»Mein Geliebter komme in seinen Garten«, 4,16) und Verlangen (»Krank bin ich vor Liebe«, 2,5; 5,8).
Auch wenn wir es bei den Liedern des Hohenlieds mit einer Kunstsprache zu tun haben, die stark idealisiert, bekommen wir doch von der Beziehung, in der die Liebenden leben, einen deutlichen Eindruck. Wie alle Verliebten möchten sie allein sein und fliehen die Menschen, sie gehen deshalb in die Einsamkeit (in die Weinberge, den Garten, auf die Weide, in den Wald). Dauernd möchte der eine den anderen anschauen und bewundern. Sie lauscht und hört auf die Schritte des Geliebten, wenn er kommt. Sie gehen zusammen essen und freuen sich an Schmuck und Parfüm.

## Über die Schönheit

Unterscheidet sich diese Beziehung überhaupt von den Beziehungen unserer jungen Menschen? Die erotische Liebe weckt wohl bei allen Menschen dieselben Gefühle. Aber woran diese festgemacht werden, wodurch sie zustande kommen, kann sehr unterschiedlich sein. Auffällig ist im Hohenlied, welchen Stellenwert die Schönheit hat. Sie ist notwendiger Bestandteil, ja geradezu Voraussetzung für die Liebe. Immer wieder versichern sich die beiden, wie schön sie sich finden: »Schön bist du, mein Geliebter« (1,16); »Schön bist du, meine Freundin, du bist schön« (1,15; 4,1; 6,4); »Schön sind seine Wangen« (1,10); »Wie bist du schön!« (7,7); »Rundum bist du schön« (4,7). In der gegenseitigen Bewunderung ist zwischen dem Mädchen und ihrem Freund kein Unterschied. Die Faszination, die sie aufeinander ausüben, kommt in dem schon genannten Zwiegespräch (1,15f.) besonders gut zum Ausdruck.

Beide übertreiben den Abstand zur Umgebung, um die Einzigartigkeit des geliebten Menschen zu betonen:

*Wie eine Blume unter den Disteln,*
*so ist meine Freundin unter den Mädchen.*

*Wie ein Apfelbaum unter den Waldbäumen,*
*so ist mein Geliebter unter den Burschen (2,2f.).*

Am Ende zwingt die Schönheit geradezu zur Hingabe:

*In seinem Schatten möchte ich sitzen,*
*süß ist seine Frucht meinem Gaumen (2,3).*

Die Schönheit stiftet die erotische Anziehungskraft. Das wird besonders deutlich in den großen Beschreibungsliedern, die voller Bewunderung die Schönheit des Partners preisen. Das Bild, das die Freundin von ihrem Freund malt, erinnert an das Schönheitsideal der Renaissance, das Michelangelo in so ausgewogener Harmonie in seinen Gestalten verkörpert hat. Die Freundinnen fragen:

*Was hat dein Geliebter mehr als sonst ein Geliebter?*

Da läßt das Mädchen den Blick von seinem Kopf bis zu den Füßen gleiten:

*Mein Geliebter (ist) leuchtend rot,*
*unter Tausenden fällt er auf.*

*Sein Haupt (ist) feinstes Gold,*
*seine Locken Dattelrispen,*
*rabenschwarz,*

*seine Augen wie Tauben an Wasserbächen,*
*die baden in Milch, sitzen an vollen Becken,*

*seine Wangen wie Balsambeete,*
*darin Würzkräuter wachsen,*
*seine Lippen (sind) Blumen,*
*sie triefen von Myrrheöl,*

*seine Arme goldene Ringe,*
*besetzt mit Tarschisch,*
*sein Leib ein Kunstwerk aus Elfenbein,*
*bedeckt mit Saphiren,*

*seine Schenkel Säulen von Alabaster,*
*die stehen auf goldenen Sockeln,*
*er sieht aus wie der Libanon,*
*auserwählt wie Zedern,*

*sein Gaumen (ist) lauter Süße,*
*und alles an ihm (ist) Lust.*

*So ist mein Geliebter, so ist mein Freund,*
*Töchter Jerusalems! (5,9-16)*

Vielleicht mutet uns diese Sprache fremd an. Die ganze Beschreibung des Geliebten besteht aus einem einzigen Satz. So als könnte die Freundin nicht aufhören, seine Schönheit zu preisen, reiht sich ein Eindruck an den anderen, bis sie am Ende ausruft: So ist er! Sie beschreibt ihn nicht direkt. Man kann sich von seiner Größe, seiner Augenfarbe, seinem Gesichtsausdruck kein Bild machen. Und doch steht er lebendig vor uns, eine Harmonie von Farbe, Glanz und Formen. In farblichem Kontrast zueinander stehen zum Beispiel sein tiefschwarzes Haar und das milchige Weiß seiner Zähne, die Bronzefarbe von Gesicht und Armen und das Elfenbein seines Körpers. Ebenso sind die Umrisse und Linien entgegengesetzt: die weichen Locken und die kelchförmigen Lippen stehen den Walzen der Arme und den Säulen der Schenkel gegenüber. Leben kommt in das Bild durch die Bewegung der Augen, das Spiel der Lippen, den Duft der Wangen.

Aber nicht nur die formale Gestaltung dieses Schönheitsideals ist ein Kunstwerk, auch inhaltlich sind die einzelnen Elemente überaus aufschlußreich. Rot ist von jeher die Farbe von Liebe und Leidenschaft. Zudem ist sie in der antiken Literatur die Farbe für Männlichkeit. In der altägyptischen Kunst wird der Mann immer rot, die Frau immer weiß dargestellt. »Leuchtend rot« bedeutet also den Inbegriff männlicher Schönheit. Oder die Tauben! Die Taube ist in der Antike ein Liebessymbol, Begleiterin der Göttin Astarte und Botin zwischen Göttin und Gott. Edelsteine sollen die erlesene Kostbarkeit des Geliebten darstellen, Säulen und Sockel seine Zuverlässigkeit und Standhaftigkeit garantieren. Daß die Genitalzone mit besonders kostbaren Materialien verglichen wird (Elfenbein, Saphir, Alabaster, Gold), ist höchst erotisch und weist auf die Unverzichtbarkeit und Köstlichkeit sexueller Lust hin.

Im Gegenstück zu diesem Lied, in 7,2-6, ist es der Mann, der seine Geliebte besingt, und umgekehrt als im vorigen Lied tastet sich sein Blick von den Füßen empor zum Haar:

*Wie schön (sind) deine Schritte in den Sandalen,*
*Fürstentochter!*
*Das Rund deiner Hüften (ist) wie ein Kleinod,*
*von Künstlerhand gemacht.*

*Dein Schoß (ist) eine runde Schale,*
*nicht mangle der Mischwein!*
*Dein Leib (ist) ein Weizenhaufen,*
*umgeben von Blumen.*

*Deine beiden Brüste (sind) wie zwei Zicklein,*
*Zwillinge der Gazelle.*

*Dein Hals (ist) wie ein Elfenbeinturm,*
*deine Augen (sind) wie die Teiche von Heschbon*
*am Tor von Bat-Rabbim.*
*Deine Nase (ist) wie der Libanonturm,*
*der nach Damaskus späht.*

*Oben dein Kopf (ist) wie der Karmel,*
*und dein Haar (glänzt) wie Purpur.*

Ist der Text im Prinzip dem ersten sprachlich gleichgestaltet, so überwiegt hier doch der Eindruck von Anmut und stolzer Zurückhaltung. Die graziösen Bewegungen der Schritte in den Sandalen und das Wiegen der Hüften stehen in bewußtem Kontrast zu dem Elfenbeintum, mit dem die Nase der Geliebten verglichen wird. Das sind alles sexuelle Bilder, vom Schoß und dem dazugehörigen Mischwein, vom Weizenhaufen (ein Fruchtbarkeitssymbol) und den Blumen und von den Brüsten als Zicklein. Wieder sind die Vergleiche auch Identifikationen. Bild und Vergleich fallen zusammen (im Hebräischen fehlen die Formen des Hilfszeitwortes »sein«). Das erhöht die Intensität und verleiht der Aussage etwas Holzschnittartiges. Die Freude an der Schönheit seiner Geliebten befähigt den Dichter auch zu einer ungewöhnlichen Sprache.

Zwar fehlt den Liedern die konkrete Unmittelbarkeit. Sie entwerfen ein Idealbild vom anderen und sind eher eine Projektion. Dennoch drücken sie die gegenseitige Faszination eindrucksvoll aus. Sie beschreiben nicht nur die Schönheit, sondern zugleich auch die Wirkung dieser Schönheit auf den anderen und vermitteln so einen Zustand der Ergriffenheit, ja Heiligkeit – der totalen Übereinstimmung im Gefühl und im Verlangen.

Uns mag es verwundern, daß die Schönheit so wichtig ist. Kann nicht mit ihr auch viel Mißbrauch getrieben werden? Wir sind eher zur Vorsicht geneigt bei sehr schönen Menschen. Sind sie nicht oberflächlich, wenn sie schon wegen ihrer Anziehungskraft so verwöhnt werden? Aber auch die Bibel schaut tiefer. Auch in ihr wird Schönheit ganzheitlich verstanden. Von den beiden hebräischen Adjektiven, die in der Liebeslyrik für die Schönheit gebraucht werden, entspricht das eine (*jafeh,* fem. *jafah*) durchaus unserem Wortsinn von »schön«. Aber das zweite (*tob*) hat die Doppelbedeutung »gut« und »schön«. Es ist dieses hebräische Wort, das im Schöpfungsbericht ständig wiederkehrt, wenn Gott sein eigenes Werk beurteilt: »Er sah, daß es gut war« (Gen 1,4 u.ö.), daß es »sehr gut« war (1,31). Mehrfach wurde von den Interpreten darauf hingewiesen, daß es auch heißen könnte: »Er sah, daß es schön war.« Gott findet seine Schöpfung nicht nur gut, sondern auch schön. Schönheit besteht ja darin, daß die einzelnen Teile zum Ganzen im rechten Verhältnis stehen.

Wenn der Hebräer für »gut« und »schön« dasselbe Wort verwendet, will er damit gewiß nicht sagen, daß das Gute immer auch schön ist, sondern wohl eher, daß das Schöne gut ist oder doch sein sollte. Zumindest empfindet er eine äußere Schönheit, der keine Schönheit des ganzen Wesens entspricht, als etwas Widersprüchliches, ja Widernatürliches. Umgekehrt lehrte aber das Leben auch, daß innere Schönheit sich nicht immer körperlich manifestiert. Auch das empfand man als etwas, was eigentlich nicht sein sollte. So tat sich die jüdische Auslegung schwer damit, daß die sanfte Lea weniger hübsch war als die herrische und egoistische Rahel, und sie nahm zur Erklärung Zuflucht, Lea habe vom vielen Weinen trübe Augen bekommen, weil sie hörte, sie solle Esau zur Frau gegeben werden, Rahel hingegen Jakob. Dieser Versuch, Lea zu verstehen, zeigt das Dilemma: Innere Schönheit allein kann nicht so einfach erkannt werden. Mit der Ambivalenz der Schönheit kann die Bibel also nur mangelhaft umgehen. Für die beiden Leute im Hohenlied allerdings ist sie Anlaß, ihre Liebe voll zu leben.

## Der Garten der Liebe

Auch die Höhepunkte der Liebe werden nicht ausgespart. Und wie auch sonst oft spricht das Hohelied von den intimen Begegnungen der beiden Liebenden ab und zu ganz offen, meistens jedoch verschlüsselt. Blicke, Düfte, Küsse rauben dem jungen Mann den Verstand; er ist berauscht und verzaubert (4,9-11). Die junge Frau bekennt: »Ich kannte mich selbst nicht mehr« (6,12). Von einer Weinstube ist die Rede, in die sie einkehren; von Früchten, die süß schmecken; von Traubenkuchen und Äpfeln; Milch und Honig; von Lust und dem Spiel der Liebe; vom Blumenpflücken und Weiden; vom Mischwein, der der runden Schale des Schoßes nie fehlen möge; vom Besteigen einer Palme. Besonders eindrücklich jedoch ist das Bild vom Garten. Immer wieder wird gesagt, daß der Freund in seinen Garten geht oder in seinen Nußgarten hinuntersteigt. Und wenn das Mädchen von den Freundinnen gefragt wird:

*Wohin ist dein Geliebter gegangen,*
*daß wir ihn suchen mit dir?*

und es antwortet:

*Mein Geliebter stieg in seinen Garten hinab,*
*zu den Balsambeeten,*
*um in den Gärten zu weiden*
*und Blumen zu pflücken (6,1f.),*

so ging der Geliebte ganz sicher nicht in einen wirklichen Garten. Der Garten ist nicht nur der Ort der Liebe, er ist auch die Geliebte selbst. Auch in diesem Bild folgt das Hohelied der ägyptischen und sumerischen Lyrik. Noch heute sagen die Araber, sie gingen ins Paradies, wenn sie nachts ihre Freundin besuchen (Keel 158).
Kein Wunder, daß der Garten der Inbegriff aller Liebesgenüsse ist.

*Ein verschlossener Garten (ist) meine Schwester Braut,*
*ein verschlossener Garten, ein versiegelter Quell.*

*Dein Schoß (ist) ein Park von Granatbäumen*
*mit allerbesten Früchten,*
*Zyperblumen samt Narde,*

*Narde und Safran, Kalmus und Zimt*
*mit allen Weihrauchbäumen,*
*Myrrhe und Aloe*
*mit allen Balsambäumen.*

*Der Gartenquell (ist) ein Brunnen lebendigen Wassers,*
*wie es vom Libanon rinnt.*

*Nordwind, wach auf,*
*Südwind, komm,*
*durchwehe meinen Garten,*
*daß seine Düfte strömen!*

*Mein Geliebter komme in seinen Garten,*
*und esse von seinen allerbesten Früchten!*

*Ich komme in meinen Garten, meine Schwester Braut,*
*ich pflücke meine Myrrhe und meinen Balsam,*
*ich esse meine Wabe und meinen Honig,*
*ich trinke meinen Wein und meine Milch.*

*Eßt, Freunde, trinkt,*
*und berauscht euch an der Liebe! (4,12-5,1)*

So gehen die Bilder für diese große Liebe den beiden Liebenden nicht aus. Sie träumen sich in die Pracht und Herrlichkeit eines Königspaares und in die Einfachheit einer Schäferidylle. Sie holen sich das »Blaue vom Himmel« herunter, indem sie Sonne, Mond und Morgenrot beschwören. Eine gößere Innigkeit, ein tieferes Glück kann man sich nicht vorstellen.

## Die Ambivalenz der Liebe

Und doch ist auch diese Liebe nicht unproblematisch und ungefährdet. Viele Bilder deuten die dunkle Seite an wie ein Folie, auf der das Licht um so heller erstrahlt. Gilt auch hier: Wo viel Licht, da viel Schatten? Allein die Sehnsucht und das Verlangen, bereits im ersten Vers angesprochen (»Wenn er mich doch küßte!«, 1,2), haben ja einen ambivalenten Charakter. Sie wirken ungemein beflügelnd, kreativ, lebensstärkend, aber sie können auch sehr schmerzen und quälen.
Eine wilde Taube ist die Geliebte, scheu, fluchtbereit und schreckhaft. Sie lebt verborgen in den felsigen Klüften, im Versteck der Steilwand zwischen scharfen Klippen. Der junge Mann hätte sie gern als Turteltaube mit zarten Blicken und fügsam für seine Liebkosungen (2,14). Umgekehrt: Der Geliebte hat sich früh mor-

gens aufgemacht, steht zitternd vor Kälte und Erwartung vor der Tür der geliebten Freundin, streckt schon die Hand durch die Luke, um die Tür zu öffnen. Aber als das Mädchen ihm voll Unruhe und Verlangen aufmacht, ist er weg (5,2-6). Warum ist er geflohen? Hatte er plötzlich Angst vor seinem Mut? Fürchtete er eine zu große Nähe? So ist die Liebe zwischen beiden ein dauerndes Suchen und Finden oder auch Nicht-finden, ein Sich-verstecken und Präsentieren, Sich-selbst-bewahren und Sich-verstömen.

Als sie ihm in die nächtliche Stadt hinein nachläuft, wird sie von den Wächtern geschlagen. Sie reißen ihr das Kopftuch ab, weil sie sie für eine Prostituierte halten (eine Prostituierte durfte kein Kopftuch tragen). Nach anfänglich kokettem Spiel erfährt die junge Frau nun die Härte der Leidenschaft. Bisher behütet und abgeschlossen im elterlichen Haus, reift sie zur Liebesfähigkeit heran. Der junge Mann hingegen muß verläßlicher werden. Selbst vor seinen Gefühlen darf er nicht fliehen.

## Die Gesellschaft

In den Wächtern steht dem Mädchen die Gesellschaft gegenüber. Feindlich steht sie ihm gegenüber. Steht die Gesellschaft Liebenden immer feindlich, neidisch, mißgünstig, reglementierend gegenüber? Die Töchter Jerusalems – vertreten die high society – werden mehrfach beschworen: »Stört nicht die Liebe!« Um nicht erkannt und von der Gesellschaft kontrolliert zu werden, versetzen sie sich in ihrer Phantasie in andere Personen hinein, werden zum Gärtner, Hirten, König oder Weinbergbesitzer. Die Beziehung muß auf jeden Fall verborgen bleiben. Sie wird weitgehend im Freien gelebt, unter Bäumen, auf dem Feld und in der Nacht. Andere Störfaktoren erstehen den beiden in Gestalt von Löwen, Panthern und Füchsen. Während Löwen und Panther aggressiven Charakter haben, sind Füchse ein altorientalisches sexuelles Symbol. Die Füchse sollen gepackt, gefangen werden, weil sie die Weinberge verwüsten (2,15-17). Es handelt sich hier wohl um junge Burschen, die die beiden nicht in Ruhe lassen. In einem anderen Lied (3,6-8) kommt aus der Wüste, die für Israel immer unheimlich und bedrohlich war, in einem feierlichen Zug die Sänfte Salomos heraufgezogen. Sie wird begleitet von einer schwerbewaffneten Eskorte, die sie vor den »Schrecken der Nacht« beschützen soll. Aber warum gehen die Leute überhaupt bei Nacht? Sind es Boten, die die junge Frau abholen sollen? Ist es die Brautsänfte, in der die Liebenden sitzen? Bei aller Unklarheit im einzelnen ist hier wohl die tiefe Erfahrung ausgesprochen, daß der Weg der Liebe auch durch Nacht und Wüste führt. Die Liebe ist ständig bedroht und muß durch alle verfügbaren Mittel geschützt und verteidigt werden. Vieles ließe sich noch anführen dazu: Der Mond und die Sterne strahlen ja nur auf dem Hintergrund der dunklen Nacht so tröstlich. Das Erwachen der Liebe im Frühling kennt die Erfahrung des Winters.

## Liebe und Tod

Die Geliebte bittet schließlich ihren Freund, sie zum Siegel zu machen und an sein Herz oder an seinen Arm zu legen (8,6). Damit sucht sie die engste Nähe zu ihm, die sie sich vorstellen kann. Denn ein Siegel trug der Mann an einer Schnur um den Hals, als Armband oder als Fingerring immer bei sich, damit er es nicht verlieren konnte. Es war ihm kostbar, meistens verziert mit Motiven aus der Mythologie, und es diente ihm zum Beweis seiner Identität. Aber es ist nicht nur das Bedürfnis, dem Geliebten so nahe und so wichtig wie möglich zu sein. Die junge Frau nennt noch einen anderen Grund: Es ist der im Hintergrund lauernde Tod. Er tötet mit dem Leben auch die Beziehung. Ihm ist nur die Liebe gewachsen. Der Wunsch des Mädchens, sein Siegel auf der Brust des Freundes zu sein, bedeutet dann außerdem, daß sie und ihre Liebe ihn wie ein Amulett vor Unheil und Tod beschützen möge. Um die Macht und Stärke ihrer Liebe zu verdeutlichen, braucht sie sehr große Bilder. Selbst Ströme von Wasser könnten sie nicht vernichten, sagt sie. Der kundige Israelit denkt an die Chaosmächte der Urflut bei der Entstehung der Welt. Diesen verschlingenden Wassern steht gleich stark das Feuer der Liebe entgegen, behauptet sie. Hier wird von der hebräischen Sprache her der Gedanke auf die Blitze gelenkt, die Jahwe als Wettergott gegen seine Feinde schleudert (s.S. 38f.). Liebe und Tod werden als zwei gewaltige Kräfte verstanden, die sich gegenseitig im Bann halten. Sie sind sich ebenbürtig. Wie gegen den Tod kann sich niemand gegen die Liebe wehren. Und wie das Totenreich niemanden mehr hergibt, so läßt auch die Liebe den Menschen nicht mehr los. Um dem Tod zu widerstehen, braucht auch die Liebe eine starke, ja gewalttätige Seite: die Leidenschaft. Hier klingt das Verschlingende der Liebe an, das den Menschen »tötet«, schmerzt und leiden läßt. Und auch das Beherrschende, das den Geliebten seiner Selbständigkeit und Freiheit beraubt und ihn an sich kettet. Sie ist eine elementare Gewalt, unerbittlich und nicht käuflich.

## Heilig oder profan?

Die Liebe der beiden Liebenden ist wie ein Pakt gegen das Dunkel dieser Welt. Und offensichtlich ist es die Frau, die mit ihrer Liebesfähigkeit dem Tod und allen lebensfeindlichen Kräften entgegentreten kann, während der Mann der (emotional) Gefährdete und zu Beschützende ist. Allein diese Einschätzung von Sexualität und Liebe verbietet es, sie als »profan« abzuwerten, sowenig wie man sie deshalb als rein weltlich bezeichnen darf, weil die beiden in 2,7 u.ö. die Gesellschaft in Gestalt der Töchter Jerusalems nicht bei Jahwe, sondern bei den Gazellen und Hinden des Tales beschwören, ihre Liebe nicht zu stören. Denn Gazellen und Hinden waren heilige Attribute der Liebesgöttin. Sie waren in gewisser

Weise für die Liebe zuständig, während Jahwe von allem, was mit Sexualität zu tun hatte, ferngehalten wurde, damit er nicht in die Nähe der Fruchtbarkeitsreligionen in der Nachbarschaft Israels geriet. Wenn also Jahwe (Gott) im Hohenlied nicht genannt wird, dann heißt das nicht, daß die Liebe nicht eine heilige Sache ist.

## Außerhalb des Gesetzes

Die Liebe der beiden jungen Menschen scheint der Realität weitgehend enthoben zu sein. Wie alle Liebesleute leben sie in einer Welt für sich, sie stehen gleichzeitig außerhalb der damals geltenden Gesellschaftsordnung. Aber deren Störungen tangieren die beiden nicht wirklich. Wie ist das möglich in einer patriarchalen Zeit, in der die Frau keinen Anspruch hatte auf ein individuelles Leben und ganz und gar in die Großfamilie eingebettet war? Im ganzen Alten Testament spürt man ja das Bemühen, den Geschlechtstrieb in die herrschenden Wertvorstellungen zu integrieren. Zahlreich sind die Verbote von gefährlichem und unnormalem geschlechtlichen Umgang (zum Beispiel mit Angehörigen der engeren Verwandtschaft, vgl. Lev 18,7-18). Sie liegen im Interesse der Sippe. Ungeordnete Beziehungen hätten heillose Verwirrungen und Konflikte heraufbeschworen. Ein Mädchen ging deshalb wohlbehütet aus dem Elternhaus, wo der Vater oder die Brüder über sie befanden, mit ihrer Verlobung in die Obhut des Mannes über. Daß auch im Hohenlied die Brüder ihre Autorität ausnutzen, zeigt 8,8-10. Sie wollen einen möglichst hohen Brautpreis mit ihrer Schwester erzielen. Aber ihre Geschäftstüchtigkeit macht die »kleine Schwester« zunichte durch ihre selbstgewählte Liebesbeziehung.

Damit hat sie ein Stück Freiheit wahrgnommen, das ihr auch vom Gesetz her möglich war. Zwar wird eine frei gewählte und selbstverantwortete Intimbeziehung im Gesetz nicht erwähnt. Aber daraus darf man wohl nicht schließen, daß es sie nicht gab, sondern eher, daß sie geduldet wurde. Dtn 22,28f. sieht vor, daß ein junger Mann verpflichtet war, ein Mädchen zu heiraten, wenn er mit ihm geschlafen hatte. Er durfte es bis zum Lebensende nicht verlassen. Ein älteres Gesetz (Ex 22,15) spricht von Verführung, ebenfalls mit der Auflage, das Mädchen zu heiraten. Auf jeden Fall konnten zwei junge Leute, die sich liebten, das Gesetz unterlaufen. Sie konnten mit ihrer vorehelichen Liebe vollendete Tatsachen schaffen und hatten damit die Möglichkeit, ihren Partner selbst zu bestimmen, ohne Brautpreis und väterliche Autorität. Wie das aussehen konnte, zeigt das Hohelied in 3,1-5. Interessanterweise hat die junge Frau dabei in der Mutter eine Verbündete (vgl. auch 8,2). Vom Vater, der die patriarchale Ordnung vertritt (dazu Dtn 22,21), ist im ganzen Hohenlied nicht die Rede. Die Mutter aber, die den Liebenden ihr »Haus« oder ihre »Kammer« zur Verfügung stellt, ist die Beschützerin dieser Liebe, ist Vorbild für die Tochter und gleichzeitig hilfreich und verständnisvoll.

Es handelt sich also bei unseren beiden Liebenden um eine freiwillige, freie und ebenbürtige Beziehung, eine Spielart von Liebe, wie sie dem üblichen Bild, das man von der Geschlechterbeziehung im Alten Testament gewinnt, diametral entgegensteht. Aber auch dieses Bild ist authentisch. Es ist ein Beweis dafür, daß das Menschenbild der Bibel genausowenig genormt ist wie die Glaubensaussagen und die ethischen Vorstellungen, und zeigt, wie vielseitig die Bibel das Leben betrachtet.

# Eine mißlungene Partnerschaft

## LOT UND SEINE FRAU

*(Genesis 19,1-26)*

*[1]Die beiden Engel kamen am Abend nach Sodom. Lot saß im
Stadttor von Sodom. ...*

*[3]Er redete ihnen aber so lange zu, bis sie mitgingen und bei ihm
einkehrten. Er bereitete ihnen ein Mahl, ließ ungesäuerte Brote
backen, und sie aßen. [4]Sie waren noch nicht schlafen gegangen,
da umstellten die Einwohner der Stadt das Haus, die Männer von
Sodom, jung und alt, alles Volk von weit und breit. [5]Sie riefen
nach Lot und fragten ihn: Wo sind die Männer, die heute abend
zu dir gekommen sind? Heraus mit ihnen, wir wollen mit ihnen
verkehren. [6]Da ging Lot zu ihnen hinaus vor die Tür, schloß sie
hinter sich zu [7]und sagte: Aber meine Brüder, begeht doch nicht
ein solches Verbrechen! [8]Seht, ich habe zwei Töchter, die noch
keinen Mann erkannt haben. Ich will sie euch herausbringen.
Dann tut mit ihnen, was euch gefällt. Nur jenen Männern tut
nichts an; denn deshalb sind sie ja unter den Schutz meines Daches
getreten. [9]Sie aber schrien: Mach dich fort!, und sagten: Kommt
da so ein einzelner Fremder daher und will sich als Richter
aufspielen! Nun wollen wir es mit dir noch schlimmer treiben als
mit ihnen. Sie setzten dem Mann, nämlich Lot, arg zu und waren
schon dabei, die Tür aufzubrechen. [10]Da streckten jene Männer
die Hand aus, zogen Lot zu sich ins Haus und sperrten die Tür
zu. [11]Dann schlugen sie die Leute draußen vor dem Haus, groß
und klein, mit Blindheit, so daß sie sich vergebens bemühten, den
Eingang zu finden.*

12 Die Männer sagten dann zu Lot: Hast du hier noch einen
Schwiegersohn, Söhne, Töchter oder sonst jemand in der Stadt?
Bring sie weg von diesem Ort! 13 Wir wollen nämlich diesen Ort
vernichten; denn schwer ist die Klage, die über die Leute zum
Herrn gedrungen ist. Der Herr hat uns geschickt, die Stadt zu
vernichten. 14 Da ging Lot hinaus, redete auf seine Schwiegersöhne
ein, die seine Töchter heiraten wollten, und sagte: Macht euch
auf, und verlaßt diesen Ort; denn der Herr will die Stadt vernich-
ten. Aber seine Schwiegersöhne meinten, er mache nur Spaß.

15 Als die Morgenröte aufstieg, drängten die Engel Lot zur Eile:
Auf, nimm deine Frau und deine beiden Töchter, die hier sind,
damit du nicht wegen der Schuld der Stadt hinweggerafft wirst.
16 Da er noch zögerte, faßten die Männer ihn, seine Frau und seine
beiden Töchter an der Hand, weil der Herr mit ihm Mitleid hatte,
führten ihn hinaus und ließen ihn erst draußen vor der Stadt los.
17 Während er sie hinaus ins Freie führte, sagte er: Bring dich in
Sicherheit, es geht um dein Leben. Sieh dich nicht um, und bleib
in der ganzen Gegend nicht stehen! Rette dich ins Gebirge, sonst
wirst du auch weggerafft. 18 Lot aber sagte zu ihnen: Nein, mein
Herr, 19 dein Knecht hat doch dein Wohlwollen gefunden. Du hast
mir große Gunst erwiesen und mich am Leben gelassen. Ich kann
aber nicht ins Gebirge fliehen, sonst läßt mich das Unglück nicht
mehr los, und ich muß sterben. 20 Da, die Stadt in der Nähe,
dorthin könnte man fliehen. Sie ist doch klein; dorthin will ich
mich retten. Ist sie nicht klein? So könnte ich am Leben bleiben.
21 Er antwortete ihm: Gut, auch das will ich dir gewähren und
die Stadt, von der du sprichst, nicht zerstören. 22 Schnell flieh
dorthin; denn ich kann nichts unternehmen, bevor du dort ange-
kommen bist. Deshalb nannte er die Stadt Zoar.

23 Als die Sonne über dem Land aufgegangen und Lot in Zoar
angekommen war, 24 ließ der Herr auf Sodom und Gomorra
Schwefel und Feuer regnen, vom Herrn, vom Himmel herab. 25 Er

*vernichtete von Grund auf jene Städte und die ganze Gegend, auch alle Einwohner der Städte und alles, was auf den Feldern wuchs.* [26]*Als Lots Frau zurückblickte, wurde sie zu einer Salzsäule.*

Zugegeben, über die Beziehung der beiden wird in unserem Text nichts gesagt. Und von der Frau spricht nur ein einziger Satz: »Lots Frau aber sah sich hinter ihm um und wurde zu einer Salzsäule« (19,26). Dennoch gibt es genug Anhaltspunkte dafür, Rückschlüsse zu ziehen, wie die beiden miteinander gelebt haben. Es ist eine Geschichte voller Gewalt, Verbrechen und Brutalität. Frauen passen da eigentlich nicht hinein. Was geschieht, ist schnell gesagt. Sodom hatte von Anfang an einen schlechten Ruf. Es wird uns als eine Stadt der »Frevler und Sünder« vorgestellt. Und die Aufregung darüber ist so groß, daß das »Zetergeschrei« bis zum Himmel dringt. Zwei Boten oder »Engel« werden hingeschickt, um letztgültig zu prüfen, was da wirklich los ist. Was sie mit ihrem Erscheinen auslösen, ist atemberaubend. Kaum haben sie bei Lot eine Unterkunft gefunden, wird sein Haus von Männern belagert, die ihre Auslieferung fordern, damit sie mit ihnen schlafen können. Um das Gastrecht zu schützen, geht Lot vor die Haustür und bietet der tobenden Meute statt der Gäste seine jungfräulichen Töchter an. Natürlich wird dieser Tausch abgelehnt, denn der Frevel dieser Männer besteht ja gerade in ihrer homosexuellen Gier. Nachdem die beiden Boten Lot ins Haus zurückgezogen haben, drängen sie zu sofortigem Aufbruch. Weg aus der Stadt! Denn sie ist nun, nachdem ihre Verderbnis offenbar geworden ist, dem Untergang geweiht. Aber da gibt es einen Kompromiß, auf den Jahwe sich in der Verhandlung mit Abraham eingelassen hatte: Die Stadt wird zwar vernichtet, aber Lot mit seiner Frau und seinen Töchtern soll gerettet werden. Auf der Flucht dreht sich Lots Frau um, obwohl die Boten davor gewarnt hatten. Da erstarrt sie zur Salzsäule.

Sowohl der Kompromiß als auch der Widerspruch zwischen der

Absicht Gottes, auch Lots Frau zu retten, und ihrem Tod ist, literarisch gesehen, der nachträglichen Vermengung der Sodom-Sage mit der Abraham-Lot-Tradition zuzuschreiben.

## Der ätiologische Hintergrund

Welches Interesse des biblischen Autors (hauptsächlich J) liegt dieser doppelten Katastrophe zugrunde? Warum mußte Sodom vernichtet werden? Warum mußte Lots Frau sterben? Diese Fragen scheinen Generationen biblischer Menschen beschäftigt zu haben. Kein Ereignis ist in der Bibel so oft erwähnt worden wie der Untergang von Sodom (aus einer anderen Überlieferung kommt noch Gomorra hinzu). Immer wurde das Schicksal dieser Stadt allen Gottlosen als warnendes Beispiel vor Augen geführt, bis in die neutestamentliche Briefliteratur hinein (2Petr 2,6). Daran kann man ermessen, welches Entsetzen damit verbunden war. Eine solche Katastrophe konnte nicht aus der Luft gegriffen sein. Ähnlich basierte ja auch die in vielen Völkern überlieferte Sintflutgeschichte auf einer uralten Tradition. Und in der Tat, bei der Erzählung vom Untergang Sodoms handelt es sich ursprünglich um eine ätiologische Sage, die die Entstehung des Toten Meeres und des Wüstengebietes im unteren Jordangraben erklären sollte. Man meinte nämlich, das Gebiet sei früher eine fruchtbare Ebene gewesen, dann aber wegen der Gottlosigkeit ihrer Bewohner in die spätere tote Landschaft verwandelt worden. Vom genannten Ort Zoar gestatten die biblischen Angaben keine sichere Lokalisierung. Es muß allerdings am Südostufer des Toten Meeres gesucht werden. Diese Sage wurde schließlich mit Lot verbunden.

Einer Lokaltradition verdankt wiederum die Sage über den Tod von Lots Frau die Aufnahme in die Bibel. Aus dem schnell verwitternden Salzgestein in der Umgebung des Toten Meeres bildeten sich bizarr geformte Steinsäulen heraus. In einem solchen Felsgebilde glaubte man in alter Zeit eine Frauengestalt erkennen

zu können. Man sah in ihr die Frau Lots. Vom biblischen Redaktor wurde dann die Lot-Sage in den Abraham-Zyklus eingegliedert.
Der Kern der Überlieferung ist also ein Gottesgericht. Denn eine Naturkatastrophe solchen Ausmaßes konnte man sich nur als Gottesgericht vorstellen. Dieses Gericht ist kein Willkürakt Jahwes. Es liegt ihm vielmehr ein ordentlicher Rechtsvorgang zugrunde. Auf den Hilferuf, der Jahwe erreicht hat, muß er reagieren. Er kann ihn nicht ungehört lassen. Und nachdem die Schuld der Sodomiten erwiesen ist, nimmt das Unheil zwangsläufig seinen Lauf. Mit dem »Tun«, ob gut oder böse, ob eines einzelnen oder eines Kollektivs, ist bereits das »Ergehen« schon programmiert. Jedem Menschen, jeder Gemeinschaft wird nach ihren Taten vergolten. Das ist die theologische Überzeugung der damaligen Zeit. Im Alten Testament ist öfter von einer Vergeltung so großen Stils die Rede. Und zu diesem Gerichtstopos gehören immer auch Feuer und Schwefel (vgl. Ps 11,6; Ez 38,22; Jes 34,9). Das Feuer läutert, bevor es verbrennt, der heiße Schwefel löscht das Leben aus. Eine solche totale Vernichtung wird vor allem Feinden und Städten angedroht, die Jahwes Heiligkeit nicht respektieren. Freilich handelt es sich beim Frevel Sodoms weniger um ein homosexuelles Treiben als um die eklatante Verletzung des Gastrechts. Das läßt sich auch aus jenen Stellen des Alten Testaments schließen, wonach die Sünde der Sodomiter gar nicht in der Homosexualität bestand, sondern in der Verwilderung der Rechtsprechung (Jes 1,10-17), in unsozialem Verhalten der Reichen gegenüber den Armen (Ez 16,49) oder in Ehebruch, Heuchelei und Unbußfertigkeit (Jer 23,14).

## Der gerechte Lot

Aber warum wurde diese Vernichtungssage mit Lot verbunden? Erst wenn wir uns von ihm ein Bild machen können, werden wir auch sein Verhältnis zu seiner Frau verstehen. Eindeutig ist er »ein Gerechter«. Ja, er ist sogar der einzige Gerechte in Sodom. Denn er allein erhält mit seiner engsten Familie die Chance der Rettung. Aber was heißt »gerecht«? Für uns ist Gerechtigkeit ein juristischer und moralischer Normbegriff, ein Anspruch auch. Er besteht darin, daß zum Beispiel in einem Prozeß jedem sein Recht zuteil wird oder daß alle, die die gleiche Stellung und Funktion innehaben, gerecht behandelt werden, etwa denselben Lohn bekommen, daß Eltern nicht ein Kind dem anderen vorziehen.

Im Alten Testament ist es ganz anders. Da ist »Gerechtigkeit« ein zugleich religiöser und ethischer Begriff, der etwas über das Verhältnis zu Gott und zur Gemeinschaft aussagt. Beide, Gott und Mensch, müssen sich gerecht verhalten: Gott, indem er, getreu dem Bund, den er mit seinem Volk Israel schloß, für dieses Volk sorgt und zu ihm steht. Und dazu gehört dann auch, daß er seine Feinde bestraft oder auch die Sünder im eigenen Volk. Der Mensch ist gerecht, indem er die im Bund mit Gott festgesetzte Ordnung und die Gebote beachtet. Jeder von beiden Partnern verhält sich also seinem Wesen gemäß, seiner Verantwortung entsprechend. Dann ist ein Zustand in der Welt erreicht, wie er sein soll. Und dieser Zustand erweist sich im konkreten Tun. Alles Handeln muß sich daran messen lassen, was es für das Gemeinschaftsverhältnis hergibt.

Im Falle Sodom ist das Gemeinschaftsverhältnis zwischen Jahwe und den Menschen zerbrochen, und es ist eine revolutionäre theologische Idee, daß nicht, wie bisher, einfach eine Kollektivstrafe verhängt, sondern auf die Fürbitte Abrahams hin der einzelne Unschuldige gerettet wird. Lot ist dieser einzelne, denn er ist in seiner verdorbenen städtischen Umgebung der von Jahwe gewollten Ordnung treu geblieben. Das ist der Grund für seine weitgehend positive Beurteilung in den späteren biblischen Schriften. Mit ihm werden seine Frau und seine Töchter gerettet. (Die Töchter und erst recht die angehenden Schwiegersöhne, die die Rettung ausschlagen, sind freilich ein späterer Zusatz, um die nachfolgende Erzählung vorzubereiten.) Das ist einfach so, denn sie gehören zu seinem Besitz. Es wird nicht geprüft, ob sie selbst auch gerecht sind oder nicht. Das ist uninteressant. Nur auf Lot kommt es an. So war es schon bei Noach, als er sich mit seiner Familie vor der Sintflut in die Arche rettete (Gen 6,18), er durfte seine Familie mitnehmen. Schaut man sich den »gerechten« Lot aber näher an, dann macht er keinen so guten Eindruck mehr.

## Der egoistische Lot

Als Abraham und Lot mit ihren Familien von Ägypten nach Kanaan zurückziehen, bahnt sich ein Konflikt an. Sie sind reich geworden, ihre Herden haben sich vermehrt. Für beide reichen Wasser und Weideplätze nicht aus. »Das Land war aber zu klein, als daß sich beide nebeneinander hätten ansiedeln können« (13,6; wörtlich: »Das Land erträgt sie nicht, sich zusammen niederzulassen«). Schon bekommen die Viehhirten Streit. Abraham aber will keinen Streit unter Verwandten. Deshalb bietet er Lot an, daß sie sich trennen. Von Bet-El aus, wo sie stehen, überblickt man die ganze Gegend, auf der einen Seite das unspektakuläre Kanaan, nach Südosten hin jedoch bis zum Toten Meer und Zoar ein ungewöhnlich schönes und fruchtbares Land, wie das Paradies, wie Ägypten. Und Lot wählt, ohne zu zögern, selbstverständlich das Paradies. Er läßt seinem Onkel keine Wahl, er vergißt sogar die sonst so lebenswichtige Höflichkeit, er kann nicht widerstehen. Gierig greift er zu. Und so zieht er los, kommt bis nach Zoar und »wohnt in den Städten«. Das ist nach dem frühen israelitischen Verständnis eine Fehlentscheidung, wie sich bald herausstellt. Das harte Nomadenleben gibt er auf und wählt das bequemere, aber moralisch fragwürdige Stadtleben.

Wie wichtig ihm dieses ist, wird später, nach dem Untergang Sodoms, noch einmal deutlich. Zwar ist Lot dankbar, der Katastrophe entkommen zu sein. Aber er fordert mehr als die Rettung.

Statt ins Gebirge zu fliehen, wie ihm der »Engel« nahelegt, will er in der nächstgelegenen Stadt bleiben, mit der Begründung, im Gebirge werde ihn das Verderben ereilen, dort müsse er sterben. Warum sterben? Ist er so verweichlicht, daß er die rauhen Bedingungen im Gebirge nicht erträgt? Lot hat also die Stadt gewählt, und er erfährt nun die typischen Bedrohungen einer Stadt. Offensichtlich verliert er auch den Blick für die Gefahr, in der er sich befindet. Als die Boten ihn zur Eile drängen, zögert er, ist unentschlossen, möchte die Stadt nicht verlassen. Sie müssen ihn, seine Frau und seine Töchter mit Gewalt wegziehen. Daß er später schließlich auch die kleine Stadt, in die zu ziehen er den Boten abgerungen hatte, verläßt, ist wohl wieder auf seine Ängstlichkeit zurückzuführen. Sie ist ihm nicht sicher genug. Also verkriecht er sich mit seinen Töchtern in eine Höhle. Willenlos läßt er es geschehen, daß sie ihn betrunken machen. Sein Leben endet unwürdig und einsam.

## Seine Töchter gibt er preis

Seine Töchter stellt er, als es brenzlig wird, der Horde Männer zur Verfügung. Zwar nutzt er damit nur seine Verfügungsgewalt über sie aus. Frauen unterstehen grundsätzlich den Männern. Und die Parallelgeschichte Ri 19 zeigt, daß Gäste unantastbarer sind als die eigenen Töchter, ja als die eigene Frau. Damit hält er sich zwar an die ihn verpflichtenden hochheiligen Bräuche – eine Bestätigung seiner Gerechtigkeit. Dennoch empfinden wir die Art und Weise, wie er es tut, als abstoßend. Allein die Unterwürfigkeit, mit der er die Töchter anbietet, so wortreich und übertrieben höflich – eine Höflichkeit, die er Abraham gegenüber vermissen ließ –, zeigt, daß er wohl nur seine eigene Haut retten will, daß ihm zumindest das Schicksal der Töchter gleichgültig ist. Denn diese wären, von den Männern mißbraucht, als Ehefrauen viel weniger wert.

## Seine Frau läßt er im Stich

Genauso egoistisch und gleichgültig wird Lot sich seiner Frau gegenüber verhalten haben. Auf der Flucht aus der Stadt geht sie hinter ihm. Konnte sie nicht so schnell gehen, oder wollte er sich so schnell wie möglich in Sicherheit bringen? So dreht sie sich schließlich hinter ihm, allein gelassen, um. Während sich ihr Mann schnell und rücksichtslos in die Mauern der Stadt Zoar rettet, kommt gleichzeitig seine Frau, Rücksicht nehmend, um. Sie haben nichts mehr miteinander gemein, so wenig, daß der Tod sie regelrecht scheidet. Nach der Absicht der beiden Boten sollte die Frau mit dem Mann gerettet werden. Doch weil dieser sie im Stich läßt, muß sie sterben. Hätte Lot nicht, statt die Boten anzuflehen: »Ich möchte mich retten – daß ich am Leben bleibe« ( Gen 19,20), sagen können: »Wir möchten am Leben bleiben«? Aber auch den »Engeln« geht es offenbar nur um Lot. (Der Wechsel von zwei »Engeln« zu einem »Engel« ist wohl wiederum auf eine Lokaltradition zurückzuführen, die den Namen der Stadt Zoar [»klein sein«]) erklären soll.) »Schnell, beeil dich, denn ich kann nichts tun, bevor du dort angekommen bist« (19,22). Und tatsächlich, sobald er angekommen ist, bricht die Katastrophe herein und trifft die Frau noch unterwegs. Man könnte meinen, sie werde regelrecht geopfert.

## Wer ist Lots Frau?

Aber warum dreht sie sich um? Warum gehorcht sie nicht? Wir können es nur vermuten. Ist es Neugier? Ist es Fassungslosigkeit? Trauer? Konnte sie sich nicht trennen? Während Lot zukunftsorientiert handelt, fällt es ihr schwer, das Vergangene preiszugeben, ihre Heimat, ihre Erinnerung, ihr Zuhause. Sie ist emotional viel stärker betroffen als Lot. Sie läßt sich anrühren vom Schicksal ihrer Stadt, von den dort sterbenden Menschen. In ihrem Kummer und ihrer Verzweiflung will sie wissen, was passiert. Neugier wurde auch Eva zum Verhängnis. Ist die Frau Lots nicht die Menschlichere? Aber in ihrer Rückwärtsgewandtheit zögert sie, kann sich nicht entschließen weiterzugehen und verpaßt den rettenden Moment. Sie kann das Alte nicht loslassen. Deswegen muß sie sterben. Auch in ihrer Art zu reagieren hat sie nichts mit ihrem Mann gemein.

Aber man hört auch vorher nichts von ihr. Die Boten nehmen sie an die Hand und ziehen sie weg, so wie man mit Kindern umgeht. Auch mit der Bewirtung der Gäste hat sie nichts zu tun. Lot selbst »bereitete ihnen ein Mahl und backte Kuchen« (19,3). Auch wenn er in Wirklichkeit nicht selbst am Herd stand, denn das war Sache der Frauen (wie bei den Gästen von Abraham und Sara), von ihr ist nicht die Rede. Was getan werden muß, tut Lot, mindestens nach außen hin. Sie wird nicht einmal um ihre Meinung gefragt. Offenbar ist sie im Haus Lot unwichtig, hat nichts zu sagen und ist blaß und angepaßt.

Um so erstaunlicher ist es, daß sie im entscheidenden Augenblick, wo es um ihr Leben geht, sogar ein Gebot übertritt. Zwar muß sie dafür mit dem Leben büßen, sie erstarrt vor Entsetzen. Aber vielleicht ist das die erste selbständige Entscheidung, die sie in ihrem Leben treffen kann und damit auch die letzte Möglichkeit, sie selbst zu sein, frei und unabhängig von einem egoistischen Mann. Sie steigt einfach aus diesem Leben voller Gewalt, Verbrechen und Katastrophen aus. Und Lot selbst, der bei der Trennung von Abraham das Paradies gewählt hatte, wird zwar von Jahwe gerettet, weil er »gerecht« ist. Aber diese Gerechtigkeit kann wohl nur eine gesetzestreue Normerfüllung sein. Charakterlich ist er ein Zwerg. In Wirklichkeit wird er allein aus Erbarmen gerettet. Und auch dieses Erbarmens ist er nicht würdig. Deshalb fällt er am Ende aus Jahwes Fürsorge heraus. Die Söhne der beiden Töchter, die sie von ihrem Vater geboren haben, Moab und Ben-Ammi, werden die Stammväter der Moabiter und Ammoniter, die immer wieder in kriegerische Auseinandersetzungen mit den Israeliten geraten. Es ist eine gewisse Tragik um die Familie Lot.

## Eine Tabuverletzung

In der Geschichte »Lot« sind also, wie wir sehen, sehr alte ätiologische Sagenmotive verarbeitet: die Salzsteinsäule, die Wüste am Südostende des Toten Meeres, die Erklärung des Namens Zoar, die Herkunft der Moabiter und Ammoniter. Aber da gibt es noch eine darunterliegende Schicht, die uns, so meine ich, weiteren Aufschluß über die Beziehung zwischen Lot und seiner Frau geben kann. Es handelt sich nämlich bei dem Ungehorsam der Frau Lots um eine Tabuverletzung. Und das ist mehr als die Übertretung eines Verbots. Schon ein normales Verbot kann eine unwiderstehliche Anziehungskraft gewinnen. Es ist wie ein Sog. Ihm erliegt auch Eva im Paradies. Bei der Frau Lots handelt es sich darüber hinaus um ein religiöses Verbot. Und das gibt ihrem Ungehorsam eine neue Dimension. Von Urzeiten an war in vielen Völkern das Bewußtsein vorhanden, daß das Heilige dem Menschen unzugänglich sei. Und wer mit ihm in Berührung kommt, muß sterben. Diese Überzeugung ist auch im Alten Testament mehrfach zu finden. Jahwe selbst versucht, den Menschen davor zu bewahren. Als er zum Beispiel Eva erschafft, läßt er über Adam einen Tiefschlaf kommen, damit er nicht Zeuge ihrer Erschaffung werde (Gen 2,21). Ebenso geht es Abraham. Dieser wirft sich mit dem Gesicht zu Boden, damit er nicht Zeuge der Zeremonie des Bundesschlusses sei (Gen 17,3). Mose gegenüber wird es schließlich ausgesprochen: »Du kannst mein Angesicht nicht schauen, denn kein Mensch bleibt am Leben, der mich schaut« (Ex 33,20). Deshalb kann es auch beim Untergang Sodoms keinen Zuschauer geben. Es ist schließlich ein von Jahwe selbst vollzogenes Gottesgericht.

Dem Heiligen wohnt eine geheimnisvolle Kraft inne, die es aus dem Bereich des Profanen heraushebt. Wer diesen Bereich des

Profanen verläßt, um sich Zugang zum Göttlichen zu verschaffen, wer gegen dieses Tabu verstößt, ist verloren. Insofern hätte Lot seine Frau gar nicht retten können.

## Niobe und Orpheus

Im griechischen Raum gibt es alte Sagen, die an die Lot- Geschichte erinnern. Ich meine nicht nur die ergreifende Geschichte von Niobe. Sie prahlt mit ihren vielen Kindern und beleidigt die Göttin Leto, weil diese nur zwei hat. Dafür werden alle ihre Kinder getötet. Sie trauert, bis sie zu Stein wird und auch als Stein immer weiter Tränen vergießt. Entsetzen, Schmerz und Trauer erfaßt Niobe – wie die Frau Lots – bis in den Körper hinein, so daß sie, leer von Leben, bis zur Unbeweglichkeit erschöpft ist. – Ich denke vor allem an Orpheus und Eurydike. Dem begnadeten Sänger Orpheus, der selbst wilde Tiere, Pflanzen und Steine mit seinem Gesang bezaubern konnte, war durch einen Schlangenbiß seine Frau gestorben. Da steigt Orpheus in die Unterwelt und erreicht von Hades, daß Eurydike zurückkehren darf, wenn er sich auf dem Rückweg nicht nach ihr umsieht, bis er wieder die Sonne sieht. Aber Orpheus sieht zurück und verliert Eurydike für immer. Ursprünglich ging die Geschichte gut aus. Aber schon im 5. Jahrhundert v.Chr. nahm sie unter dem Druck des griechischen Glaubens an die Unentrinnbarkeit des Todes und durch den Zusatz des Märchenmotivs von der bestraften Neugier den entgegengesetzten Ausgang (Nilsson). Im Unterschied zur Lot-Geschichte ist es hier ein Mann, der sich nicht an das Verbot hält und sich umsieht. Zwar stirbt er nicht selbst, aber er verliert seine Kreativität und Lebenskraft und wird später von Mänaden zerrissen. Ob Eurydike, unsicher geworden, gestolpert ist, wie eine Version will, oder ob Orpheus der Liebe und Sehnsucht nach ihr nicht widerstehen konnte, ob er sich selbst untreu wurde, indem er sein Ziel nicht konsequent verfolgte, sondern sich ablenken ließ, ob es ihm an der Fähigkeit, sich unterzuordnen, fehlte – er war ungehorsam und hat ein Tabu gebrochen. Worin es bestand, können wir nur ahnen. Sicher durfte Orpheus die Gunst der Götter nicht auf die Probe stellen. Er tat das, weil er kein restloses Vertrauen in das Versprechen des Unterweltgottes hatte. Aber man könnte auch einen Grund in der Beziehung suchen. Irgend etwas scheint zwischen Orpheus und Eurydike nicht gestimmt zu haben. Denn auch zu Eurydike hatte Orpheus kein richtiges Vertrauen. Er mußte sich ihrer Anwesenheit versichern. Vielleicht hatte sie ihm Anlaß dazu gegeben? Jedenfalls trägt ihre Liebe sie nicht durch die Gefährdung hindurch. – Auch wenn die Geschichte von Lot und seiner Frau anders gelagert ist – stirbt sie nicht auch, weil das Vertrauen zueinander fehlt? Ein zweifelnder, unsicherer Mensch kann der Zukunft des anderen nicht folgen.

# Trennender Glaube

## IJOB UND SEINE FRAU

*(Ijob 1,1-2,10)*

*2,1Nun geschah es eines Tages, da kamen die Gottessöhne, um*
*vor den Herrn hinzutreten; unter ihnen kam auch der Satan, um*
*vor den Herrn hinzutreten. 2Da sprach der Herr zum Satan:*
*Woher kommst du? Der Satan antwortete dem Herrn: Die Erde*
*habe ich durchstreift, hin und her. 3Der Herr sprach zum Satan:*
*Hast du auf meinen Knecht Ijob geachtet? Seinesgleichen gibt es*
*nicht auf der Erde, so untadelig und rechtschaffen; er fürchtet*
*Gott und meidet das Böse. Noch immer hält er fest an seiner*
*Frömmigkeit, obwohl du mich gegen ihn aufgereizt hast, ihn ohne*
*Grund zu verderben. 4Der Satan antwortete dem Herrn und sagte:*
*Haut um Haut! Alles, was der Mensch besitzt, gibt er hin für sein*
*Leben. 5Doch streck deine Hand aus, und rühr an sein Gebein*
*und Fleisch; wahrhaftig, er wird dir ins Angesicht fluchen. 6Da*
*sprach der Herr zum Satan: Gut, er ist in deiner Hand. Nur schone*
*sein Leben! 7Der Satan ging weg vom Angesicht Gottes und*
*schlug Ijob mit bösartigem Geschwür von der Fußsohle bis zum*
*Scheitel. 8Ijob setzte sich mitten in die Asche und nahm eine*
*Scherbe, um sich damit zu schaben. 9Da sagte seine Frau zu ihm:*
*Hältst du immer noch fest an deiner Frömmigkeit? Lästere Gott,*
*und stirb! 10Er aber sprach zu ihr: Wie eine Törin redest, so redest*
*du. Nehmen wir das Gute an von Gott, sollen wir dann nicht*
*auch das Böse annehmen? Bei all dem sündigte Ijob nicht mit*
*seinen Lippen.*

Ijob kennt jeder. Seine Frau bleibt in der Anonymität verborgen. Dabei spielt sie eine wichtige Rolle in Ijobs Leben.

Ijob ist unvorstellbar reich, er hat eine Frau, sieben Söhne, drei Töchter, ein großes Gesinde, satte Herden an Kamelen, Rindern, Eseln und Kleinvieh, ja er besitzt sogar Gold (31,24). Er ist angesehen wie ein König, sein Wort gilt viel. Er spricht öffentlich Recht (29,7-11.21-25). Er führt ein geselliges Leben, lädt Gäste ein und kann es sich leisten, sie mit Fleisch zu bewirten (31,31). Großzügig verschenkt er Wolle an Arme (31,19f), nimmt Waisenkinder auf (31,18), gewährt Durchreisenden Gastfreundschaft (31,32). Seine Frömmigkeit ist überzeugend. Er lehnt den babylonischen Sternenkult seiner Umwelt ab (31,26-28) und verehrt wie die Israeliten nur einen Gott, obwohl er doch in Uz in Arabien zu Hause ist.

Dieser Ijob gerät trotz seiner Frömmigkeit in großes Unglück. Schlag auf Schlag treffen die schlimmen Nachrichten ein. Er verliert alle seine Kinder, seine Herden, sein ganzes Hab und Gut. Nur die Boten entkommen den Katastrophen, um sie ihm zu melden. Ijob ist wie gelähmt. Für ihn bricht nicht nur die reale Welt zusammen, auch Gott wird ihm unheimlich.

Er weiß natürlich nicht, daß er Gegenstand einer »Wette« zwischen Jahwe und Satan geworden ist. In der Versammlung der »Göttersöhne« lenkt Jahwe selbst die Aufmerksamkeit Satans auf Ijob. Er streicht seinen Ijob als fromm und gut heraus. Das reizt Satan, ihn auf die Probe zu stellen. Er will beweisen, daß Ijob nur so lange an Gott glaubt, wie es ihm gut geht. Während die erste Prüfung Ijob die materielle Existenzgrundlage entzieht, richtet sich die zweite gegen Leib und Leben. Schließlich sitzt er, von einer schrecklichen, entstellenden und zum Tode führenden Hautkrankheit befallen (2,7; 7,5; 30,30), auf einem Müllhaufen vor dem Dorf. Aber Ijob bleibt Gott treu. Am Ende geht die Geschichte gut aus. Ijob bekommt wieder sieben Söhne und drei Töchter, und auch sein früherer Reichtum wird nicht nur wiederhergestellt, sondern verdoppelt (42,12-17).

Spätestens dieses happy end macht deutlich, daß Ijob eine fiktive Gestalt ist, an der etwas gelernt werden soll. Beispielhaft ist nicht nur die eben nachgezeichnete Schicksalsgeschichte Ijobs, von der die Rahmenerzählung berichtet (1-2; 42,7-17), sondern auch die in den Rahmen eingefügte Versdichtung (3-42,6), die aus den Streitgesprächen mit seinen drei Freunden (3-31), einem Lied auf die Weisheit (28) und den Gottesreden sowie Ijobs Reaktion auf sie (38-42,6) besteht. Belehrend sind auch die später hinzugekommenen Elihu-Reden (32-37), die eine Lösung des Problems noch einmal verzögern.

Jedoch gibt es tiefgreifende Unterschiede zwischen der Rahmenerzählung und der Versdichtung. Sie bestehen nicht nur in der Form. Die eine ist in Prosa geschrieben, die andere in rhythmischer Sprache. Sie bestehen auch in der Gestalt Ijobs. Die Rahmenerzählung zeigt Ijob im nomadischen Milieu, als Scheich und Dulder. Er reagiert auf die Schicksalsschläge mit Trauergesten, zerreißt sein Gewand und schert den Kopf, aber er stellt sein Leid oder gar Gott nicht in Frage. Im Gegenteil, er betet Gott an:

*Der Herr hat's gegeben,*
*der Herr hat's genommen,*
*der Name des Herrn sei gelobt! (1,21)*

und:

*Das Gute nehmen wir an von Gott,*
*und das Böse sollten wir nicht annehmen? (2,10)*

Als Dulder ist er in die Frömmigkeitsgeschichte eingegangen. In der Versdichtung ist er dagegen ein reicher Städter, der selbstbewußt sein Recht fordert, mit Gott hadert und ihn angreift.

Auch in der Problematik gibt es Akzentverschiebungen. In der Rahmenerzählung geht es am Beispiel Ijobs um die Frage: Wer (oder was) ist der Mensch? Wie verhält er sich im Leiden? Verzweifelt er? Ergibt er sich resignierend in sein Schicksal, oder kann er ihm einen Sinn abringen? Diese Frage ist viel älter als die Ijoberzählung in der Bibel. Es gibt in der sumerischen und ägyptischen Literatur Paralleltexte, die bis ins dritte Jahrtausend zurückreichen.

Im Mittelpunkt der Auseinandersetzung zwischen Ijob und seinen Freunden steht die Frage: Wer (oder was oder wie) ist Gott? Bewähren und bestätigen sich die Vorstellungen, die sich der Mensch von Gott macht, im Leiden, oder müssen sie korrigiert werden? Kann der Mensch mit einer Rettung, einer »Erlösung« rechnen? Viele Philosophen und Theologen haben Antworten auf diese Theodizee-Frage gesucht. Denn Ijobs Leiden ist unerträglich, unverschuldet und unerklärbar. Es ist nicht nur überzeitlich, sondern hat für alle Menschen Bedeutung. Nach Auschwitz ist es um Antworten auf der Spekulationsebene still geworden. Die Erfahrungen unserer Zeit stellen Gott selbst in Frage.

Die Unterschiede und Akzentverschiebungen erklären sich daraus, daß ein zweiter Dichter, dem wir das Ijob-Buch in seiner jetzigen Gestalt verdanken, die ihm aus älteren orientalischen Traditionen bekannte Volkserzählung als Rahmen benutzte, um seine Versdichtung darin unterzubringen, und ihn damit fast sprengte. Beide Teile sind also eine vom letzten Verfasser gewollte Einheit. Die Reden wären ohne den Rahmen gar nicht verständlich. Heute neigt man dazu, die Zusammengehörigkeit beider Teile zu sehen (Groß 19). Sie wird auch, meine ich, in der Person von Ijobs Frau hergestellt.

## Wer ist Ijobs Frau?

Sie steht im Schnittpunkt des Geschehens, formal und inhaltlich. Am Ende des Prologs, dort wo der Bruch in Ijobs Frömmigkeit markiert ist und die Gegenbewegung einsetzt – Anklage gegen

Demut – und gleichzeitig auf dem Höhepunkt des Unheils, wo keine Steigerung an Schicksalsschlägen mehr denkbar ist, wo Ijob, von Gott und der Welt verlassen, wie vernichtet auf dem Müllhaufen vor dem Dorf sitzt, in der Nähe des Todes, da kommt seine Frau zu ihm heraus und fragt ihn: »Hältst Du immer noch fest an deiner Frömmigkeit? Fluche Gott und stirb!« (2,9). Dies ist alles, was von ihr berichtet wird. Aber ihre Worte sind sehr aufschlußreich, nicht nur für die Beziehung zwischen ihr und Ijob, sondern auch für die Bedeutung, die diese Beziehung für die Frömmigkeit Ijobs hat.

Was treibt sie hinaus zu Ijob? Ist es Liebe, die ihn von den Leiden erlöst sehen möchte? Ist es Mitleiden, das ihr selbst unerträglich geworden ist? Ist es Mitleid, das Ijob nur erniedrigen kann? Der Text macht darüber keine Angaben. Der biblische Mensch äußert zwar seine Gefühle, aber er reflektiert nicht über sie, er motiviert oder begründet sein Verhalten nicht. Vielleicht verstehen wir die Frau besser, wenn wir uns klar machen, was ihr widerfahren ist. Sie war reich und stand einem großen Haus vor, sie war Herrin über ein großes Gesinde. Nun ist sie verarmt. Sie hatte zehn Kinder, davon sieben Söhne. Wenn man bedenkt, wie wichtig für die Israeliten Kinder waren, weil sie den Fortbestand von Besitz garantierten und Sicherheit im Alter bedeuteten, wenn man bedenkt, daß die Frau erst durch ihre Söhne in der Gesellschaft etwas galt und ein kinderloses Leben ein überflüssiges, nicht erfülltes Leben war, dann kann man ermessen, was ihr der Tod ihrer Kinder bedeutete. Der Name des Geschlechts ist ausgelöscht. Es ist, als hätte sie nie gelebt. Kein Wunder, daß sie enttäuscht ist, daß sie sich verraten und betrogen glaubt. Ohne Mann ist sie zukunftslos dem Untergang preisgegeben. Auch sie hat alles verloren, auch sie ist schuldlos an ihrem Schicksal.

Man könnte nun annehmen, daß die hereingebrochene Katastrophe die beiden enger aneinderrücken läßt, daß sie jetzt erst recht zusammenhalten. Statt dessen fährt sie ihn mit einer geradezu schockierenden Frage an, in der der Vorwurf der Dummheit kaum zu überhören ist: »Hältst du noch immer fest an deiner Frömmigkeit?« (2,9). »Noch immer« läßt darauf schließen, daß schon etliche Diskussionen vorausgegangen sind, in denen sich ihre Standpunkte immer weiter voneinander entfernten. Es ließe sich denken, daß die Frau angesichts des über ihren Mann hereingebrochenen Unglücks ihren Glauben an einen Gott, der solches zuläßt, aufgegeben hat. Jedenfalls bringt sie für seinen Glauben kein Verständnis auf, und sie kann es um so weniger, als auch sie wohl ihren Mann für unschuldig hält. Trost und Hilfe kann sie ihm nicht anbieten.

## Ijobs Frömmigkeit

Was die Exegeten mit »Frömmigkeit« übersetzen, müssen wir ein wenig verdeutlichen. Für uns ist ein Mensch fromm, wenn er glaubt, daß es einen Gott (oder etwas Heiliges oder ein »höheres Wesen«) gibt, der in seiner Güte und Allmacht das Weltgeschehen lenkt und ihn selbst beschützt, so daß er ihm voll vertrauen und ihn verehren kann. Im Alten Testament bedeutet »Frömmigkeit« zunächst einmal »Gottesfurcht«, das heißt, fromm ist, wer sich Gott unterordnet. Denn Gott ist vor allem der Erhabene und Überlegene. Darüber hinaus aber ist »Frömmigkeit« ein gemeinschaftsbezogener Begriff. Insofern der Mensch sich als auf Gott bezogen versteht, gehört er zum Volk Gottes und ist damit der Gemeinschaft verpflichtet. Gottesfurcht, Vertrauen und Liebe zu Gott sind also stärker als für uns gepaart mit einer ethischen Lebenshaltung. Deshalb sind Eigenschaften, die für die Gemeinschaft förderlich sind, etwa Rechtschaffenheit, auch Ausdruck von Frömmigkeit. In diesem Sinn ist Ijob ein frommer Mensch. Von ihm wird gesagt: »Er war untadelig und rechtschaffen. Er fürchtete Gott und mied das Böse« (1,1). Jahwe selbst schließt sich diesem Urteil an (2,3).
Ijob fühlt sich in seinem Gott geborgen und sicher. Aber auch

Jahwe hat ein persönliches Verhältnis zu Ijob. Immer wieder nennt er ihn »mein Knecht« (1,8; 2,3; 42,7f.). »Knecht« ist ein Wort, das die besondere Beziehung dieses einen Menschen zu diesem einen Herrn ausdrücken will, seine Ergebenheit und sein unbedingtes Vertrauen im Bewußtsein, von seines Herren Gnade zu leben. Ijob muß also in totaler Abhängigkeit von Gott gesehen werden. Ebenso ist allerdings auch der »Herr« dem »Knecht« Hilfe und Unterstützung schuldig. Er kann ihm nicht grundlos kündigen. Man darf deshalb annehmen, daß Ijob in diesem Gott seinen persönlichen Schutzgott sieht (auch wenn Gott im Prolog »Jahwe« genannt, also als israelitischer Nationalgott bezeichnet wird; Lang 216f.). Denn der persönliche Gott ist für das Wohlergehen seines Schützlings verantwortlich. Dafür genießt er dessen besondere Verehrung und sein ausschließliches Vertrauen. Dieser persönliche Schutzgott könnte auch mit dem »Erlöser« (*go'el*) gemeint sein, auf den Ijob seine verzweifelte Hoffnung setzt. Aber die Frau Ijobs hat wohl kaum diese innige Beziehung zu seinem Gott im Sinn, als sie wie der Satan Ijobs Frömmigkeit hinterfragt, übrigens mit denselben Worten, mit denen Jahwe sie gegenüber Satan rechtfertigt: »Noch immer hält er fest an seiner Frömmigkeit« (2,3).

Ijob ist so fromm, daß er sogar vorsorglich Opfer bringt. Wenn die gegenseitigen mehrtägigen Einladungen, die die Kinder untereinander ausrichten und bei denen es üppig und fröhlich zugeht, vorbei sind, bringt Ijob für jeden von ihnen Gott ein Brandopfer dar (1,5). Denn es könnte ja sein, daß einer von ihnen durch eine Unachtsamkeit Gott beleidigt oder ihm nicht die gebührende Aufmerksamkeit geschenkt hat. Diese Ängstlichkeit und Sorge wirkt auf uns zwanghaft, starr und unlebendig. Man kann sich Ijob kaum als innerlich freien Menschen vorstellen. Dahinter steht die Haltung: Ich tue von mir aus alles, damit es mir gut geht. Ich bringe Gott prophylaktisch Opfer dar, damit mir nur ja nichts passiert. Das ist die »Logik der Versicherung« (Ebach 321). Aber sie hält im wirklichen Leben nicht stand.

## Was heißt Gott fluchen?

Was bedeutet vor diesem Hintergrund die Aufforderung von Ijobs Frau: »Fluche Gott und stirb!«? Im Hebräischen steht an dieser Stelle eine Vokabel, die eigentlich »segnen« bedeutet. Also heißt es: »Segne Gott und stirb!« »Gott fluchen« auch nur in den Mund zu nehmen wäre Blasphemie gewesen. Man scheute sich, ein so negativ besetztes Wort auszusprechen, und verkehrte deshalb seine Bedeutung ins Gegenteil (Euphemismus). Der Fluch diente in der Antike nicht zur emotionalen Entlastung wie bei uns. Er war etwas Unheimliches, etwas Magisches. Er entwickelte eine Eigendynamik. War er einmal ausgesprochen, dann wurde er auch automatisch wirksam, wie eine Schadensmacht, die absolut sicher ins Verderben führt. Sie konnte nur durch einen Gegenfluch oder Segen wieder aufgehoben werden. (Ähnlich euphemistisch sprechen wir davon, daß jemand »das Zeitliche segnet«, wenn er stirbt.)

Angesichts dieser Bedrohung durch den Fluch wirkt der Ausdruck »Fluche Gott!« auf uns noch massiver. Außerdem kommt er im Prolog dreimal vor. Das erste Mal, in 1,5, geht es um die Sorge Ijobs, eines seiner Kinder könnte Gott »in seinem Herzen fluchen«, 1,11 prophezeit der Satan, Ijob werde Gott »ins Angesicht fluchen«, und 2,9 schließlich fordert ihn seine Frau dazu auf, es wirklich zu tun. Das ist eine Steigerung vom möglichen Tun hin zum wirklichen Tun. Es ist auch eine Steigerung in der Bedrohung. Die Frau spricht den Gedanken Satans aus und ist damit zur totalen Gegenspielerin ihres Mannes geworden. Sie treibt Ijob genau dorthin, wo der Satan ihn haben will, in Verbitterung und Verzweiflung.

Mit der Aufforderung zu sterben meint die Frau wohl weniger, daß er sich wegen der Unerträglichkeit des Leidens selbst umbringen soll. Vielmehr besteht ein ursächlicher Zusammenhang zwischen Fluchen und Sterben, und zwar aus zwei Gründen: Der Fluch gegen Gott gehört zu den »todeswürdigen Verbrechen«

(Lev 24,16) und wird mit Steinigung bestraft (24,14). Selbst das Mitanhören einer Gotteslästerung macht schuldig. Ein anderer Grund ist für Ijob wichtiger. Wenn er sich bei der persönlichen Beziehung, die er zu seinem Gott hat, von ihm lossagt, indem er ihm flucht, kündigt er sein Knechtsein, das heißt, er zerreißt das Band von Vertrauen und Gehorsam und entzieht sich so selbst seine Existenzgrundlage. Denn ohne seinen Gott kann dieser Ijob nicht leben. Ein Fluch wäre identisch mit seinem Tod. Es gibt also für Ijob kein sichereres und rascheres Mittel, von seinem Leiden befreit zu werden, als Gott zu fluchen. Offenbar war Ijobs Frau dieser Zusammenhang bewußt.

Vielleicht will sie ja Ijob auch nur nahelegen, sich von diesem seinem persönlichen Gott zu trennen, weil er nichts taugt. Es wäre denkbar, daß sie eine Einheimische ist – die Auswanderer nahmen sich oft Frauen aus dem Raum, in dem sie sich niederließen –, die auch nach ihrer Heirat mit Ijob an ihrem alten babylonischen Sternenglauben festhält und diesen für besser hält als den Glauben an den Gott der Israeliten. Und nun will sie ihren Mann in ihre Naturreligion herüberholen. Daß diese schon vorher eine Versuchung für Ijob war, zeigt indirekt seine Rechtfertigung:

*Wenn ich die leuchtende Sonne sah, wie sie strahlte,*
*den Mond, wie er herrlich dahinzog,*
*wenn heimlich sich mein Herz betören ließ,*
*daß ich ihnen Kußhändchen zuwarf –*
*auch das wäre ein Verbrechen fürs Strafgericht,*
*denn Gott da droben hätte ich verleugnet (31,26-28).*

Es ist wieder das Thema der Bibel: die permanente Gefahr des Volkes Gottes, zu den Götzen der Nachbarreligionen überzulaufen.

Möglicherweise hat die Frau jeglichen Glauben an Götter überhaupt verloren. Wie dem auch sei, jedenfalls trennt Ijob und seine Frau ein Abgrund in ihrer religiösen Überzeugung. Ijob scheint ihr Ansinnen als etwas Grundsätzliches verstanden zu haben. Er nennt sie in seiner Antwort eine »Törin«. Torheit ist im alttestamentlichen Sprachgebrauch nicht nur ein Mangel an Klugheit, sondern auch ein ethisches Defizit, ein falsches Verhalten, auch Gott gegenüber. Ein Tor ist nicht nur uneinsichtig, sondern auch gottlos (Ps 14,1: »Die Toren sagen in ihrem Herzen: Es gibt keinen Gott. Verderbt, abscheulich handeln sie; da ist keiner, der Gutes tut«, Jes 32,5f. u.ö.). Ein solcher Mensch kann nicht lebensfähig sein. Denn Leben gibt es für den Israeliten nur in Abhängigkeit von Gott. Ijob sagt also seiner Frau, sie müsse wahnsinnig sein, natürlich nicht im pathologischen Sinn. Wer sich von Gott lossagt, kann in intellektueller wie auch ethischer Hinsicht nur »verrückt« sein.

## Das Gottesbild

Die Frage nach Ijobs Gott wird in aller Schärfe in der Versdichtung gestellt. Ijob steht allein da. Seine Frau ist gegen ihn, Gott läßt ihn im Stich, und seine Freunde machen ihm Vorwürfe. Die drei Freunde kommen in der theologischen Literatur meistens schlecht weg. Sie gelten als stur, arrogant und mitleidlos, als Leute, die alles besser wissen und denen ihre Prinzipien wichtiger sind als der Mensch. Dabei sind sie gar nicht so gefühllos. Nachdem sie vom Schicksal ihres Freundes hören, machen sie sich sofort auf den Weg: Elifas, Bildad und Zofar, alle drei Araber aus dem edomitischen Raum, gleichen Standes wie Ijob und sicher auch gleich im Denken. Wie die offenbar so weit entfernt lebenden Freunde von Ijobs Schicksal erfahren, wie sie so schnell bei ihm sein können, interessiert den Dichter nicht. Wichtig ist allein, daß es für sie selbstverständlich ist, den Freund in seiner Not nicht allein zu lassen oder ihn gar aufzugeben, wie seine Frau es tut. Vielmehr ringen sie mit ihm, streiten mit großer Härte und Offenheit, gerade weil sie ihn retten wollen. Und sie verhalten sich

zumindest am Anfang doch auch recht einfühlsam. Sie sind zutiefst erschrocken und erschüttert, als sie von Ferne sehen, in welches Elend Ijob geraten ist. Und nach ihrem Brauch zerreißen sie vor Trauer und Schmerz ihr Obergewand, weinen und werfen in einer abwehrenden Geste Staub zum Himmel hinauf, um weiteres Unheil zu verhindern. Wie um sich selbst niedrig und klein zu machen, setzen sie sich auf die Erde zu Ijob und harren sieben Tage und Nächte stumm neben ihm aus. Die Sieben ist eine heilige Zahl und hat symbolische Bedeutung. So wie Noach sieben Tage wartet, bis er die Taube ausschickt (Gen 8,10.12), so warten die Freunde bei Ijob sieben Tage, ehe sie zu reden beginnen. Nach sieben Tagen ist es genug. Dieses Schweigen allerdings ist hilfreicher als alles folgende Reden und Streiten.
Sie streiten über Gott. Wir dürfen annehmen, daß Ijob und seine Freunde bisher einer Meinung waren, daß es nämlich einen Zusammenhang geben muß zwischen Tun und Ergehen, zwischen einer Tat und ihren Folgen. Konkret: Wenn sich der Mensch recht verhält, wird Gott für dessen Wohlergehen sorgen, und zwar schon in diesem Leben. Wenn es ihm schlecht geht, muß er gesündigt haben (vgl. dazu Joh 9,2f.).
Aber Ijobs Leiden paßt nicht in dieses Denkschema. Seine Freunde bleiben bei der uns archaisch anmutenden Antwort: Da Ijob leidet, muß er schuldig sein. Ijob lehnt zornig die Position der Freunde ab: Da ich leide, ist Gott entweder ein »Verbrecher« (*rascha* 9,24), oder es stimmt etwas an diesem System nicht. Seine eigene persönliche Erfahrung widerspricht dem allgemeinen Glauben. Da er jedoch von Gott nicht lassen kann, stellt er sein bisheriges Gottesbild in Frage.
Am Ende spricht Gott selbst das Urteil: Die Freunde haben unrecht wegen ihrer herzlosen Prinzipienreiterei (42,7). Ijob hat recht damit, einen Widerspruch zwischen Gottesbild und Wirklichkeit festzustellen, aber er hat unrecht, weil er seinen kleinen Erfahrungsbereich absolut setzt und zum Maßstab für Gottes Verhalten erhebt. Was dieses letzte Gotteswort sagen will: Gott

bleibt für den Menschen unverfügbar und unverständlich. Auf das unschuldige Leiden in dieser Welt gibt es keine Antwort. Der Mensch kann es nur aushalten in der Hoffnung, daß es dennoch einen Gott gibt. Das ist wohl mit dem »umsonst« (*chinnam* 1,9) gemeint: Glauben auch ohne Lohn und Sinn.
Es gibt noch einen tieferliegenden theologischen und religionswissenschaftlichen Aspekt. Ijob kritisiert die herkömmliche Theologie und läßt damit die damals gültige Weisheitslehre, in der es vor allem um die Fähigkeit geht, richtig – und das heißt, auch Gott gegenüber richtig – zu leben, fragwürdig erscheinen. Einen Gott mit magischen Zügen, wie ihn das Vergeltungsschema vertritt, kann es für Ijob nicht mehr geben. Indem er gegen diese Gottesvorstellung revoltiert, verschiebt er ihre Grenzen, weg von einer eindimensionalen, monokausalen Weltdeutung hin zu einem unverfügbaren Gott. Bucher zeigt vom Sozialpsychologischen her, auf Ijob bezogen, »daß ein Mensch, wenn er mittels seines Gottesbildes die Schicksalsschläge, die ihn ereilen und sein Weltbild aus den Fugen werfen, nicht sinnhaft deuten, geschweige denn bewältigen kann, zu einer neuen Sicht von Gott gelangen *muß*, um sein kognitives System wieder ins Gleichgewicht bringen und sinnhaft weiterleben zu können« (91). Für Ijob ist die Veränderung seines Glaubensinhalts ebenso lebensnotwendig wie das prinzipielle Festhalten an Gott. Er erweitert seinen Denkhorizont zu einem anderen, vergeistigten, weiterentwickelten Gottesverständnis, er wird toleranter und reifer. Im Kampf Gott (do ut des, »Haut um Haut«, 2,4) gegen Gott (»umsonst«, aus Gnade) siegt der emanzipierte Gott und damit auch der emanzipierte Mensch.

## Die Rolle der Frau

In diesem aufregenden Prozeß spielt Ijobs Frau eine Schlüsselrolle. Sie verschärft die theologische Frage. Äußerst knapp in der Formulierung steht das Problem im Raum und zieht seine Kreise. So wie diese Frau aus dem Dunkel kommt und im Dunkel verschwindet, selbst dunkel in ihrem Wesen und Denken, scheint sie nur dazu da zu sein, um diese Frage zu stellen. Sie hat damit ähnlich wie Eva die Funktion eines Motors, der die Entwicklung weitertreibt und das Denken und Bewußtsein auf eine neue Stufe stellt. Genau genommen übertrifft sie mit ihrer Position die Denkebene Ijobs noch. Dieser wird am Ende für seine Einsicht belohnt. Sie hingegen bleibt die radikal Fragende. Man könnte sagen, sie nimmt das atheistische Weltbild voraus. Ist es nicht ehrlicher, an gar keinen Gott zu glauben als an einen unverständlichen, unbegründbaren, vielleicht sogar einen »Verbrecher«-Gott? Sind nicht alle Versuche, Gott zu retten, allzu weit entfernt von den wirklich Leidenden?

Ijobs Frau denkt das Problem zu Ende. Sie macht sich damit zum Sprachrohr Satans. Sie trennt sich damit auch von Ijob. Es ist kaum vorstellbar, daß die zehn Kinder, die ihm am Ende geschenkt werden, von dieser Frau stammen.

# Beziehungsstörungen

## DAVID UND SEINE FRAUEN MICHAL UND ABIGAJIL

*(1Sam 18-19 und 2Sam 6,16-23; 1Sam 25,2-42)*

[1Sam 18,20]*Sauls Tochter Michal liebte David; dies teilte man Saul
mit. Es war ihm recht;* [21]*denn er sagte sich: Ich will sie ihm geben;
sie soll ihm zum Verhängnis werden, so daß er den Philistern in
die Hände fällt. Saul sagte zu David: Heute in zwei Jahren kannst
du mein Schwiegersohn werden.* [22]*Seinen Dienern aber befahl
Saul: Redet heimlich mit David und sagt: Du siehst, daß der König
Gefallen an dir hat und daß alle seine Diener dich gern haben;
du könntest sofort der Schwiegersohn des Königs werden.* [23]*Sauls
Diener redeten also in dieser Weise mit David. David aber erwi-
derte: Scheint es euch so leicht zu sein, der Schwiegersohn des
Königs zu werden? Ich bin doch ein armer und geringer Mann.*
[24]*Die Diener berichteten Saul: Das und das hat David gesagt.*
[25]*Saul antwortete: So sollt ihr David sagen: Der König möchte
keine andere Brautgabe als die Vorhäute von hundert Philistern,
um an den Feinden des Königs Rache zu nehmen. Saul plante
nämlich, David den Philistern in die Hände fallen zu lassen.*
[26]*Seine Diener berichteten David, was Saul gesagt hatte, und es
war David recht, daß er so der Schwiegersohn des Königs werden
sollte. Die gesetzte Frist war noch nicht um,* [27]*als David sich auf
den Weg machte und mit seinen Leuten zog; er erschlug zwei-
hundert von den Philistern, brachte ihre Vorhäute zum König
und legte sie vollzählig vor ihn hin, um sein Schwiegersohn zu
werden. Und Saul gab ihm seine Tochter Michal zur Frau. …*

[19,10]*Noch in derselben Nacht* [11]*schickte Saul Boten zum Haus
Davids, die ihm auflauern und ihn am nächsten Morgen töten*

*sollten. Doch Michal, Davids Frau, warnte ihn und sagte: Wenn du dich nicht noch in dieser Nacht in Sicherheit bringst, wirst du morgen früh umgebracht. [12]Michal ließ David durch das Fenster hinab, so daß er fliehen und sich in Sicherheit bringen konnte. [13]Dann nahm Michal das Götterbild, legte es in Davids Bett, umgab seinen Kopf mit einem Geflecht von Ziegenhaaren und deckte es mit einem Kleidungsstück zu. [14]Als nun Saul die Boten schickte, die David holen sollten, sagte sie: Er ist krank. [15]Saul schickte die Boten, um nach David zu sehen, und befahl: Bringt ihn im Bett zu mir her; er soll umgebracht werden. [16]Als die Boten kamen, entdeckten sie im Bett ein Götterbild mit einem Geflecht von Ziegenhaaren um den Kopf. [17]Da sagte Saul zu Michal: Warum hast du mich so betrogen und meinen Feind entkommen lassen, so daß er sich in Sicherheit bringen konnte? Michal antwortete Saul: Er hat zu mir gesagt: Laß mich weggehen, sonst bringe ich dich um. …*

[2Sam 6,16]*Als die Lade des Herrn in die Davidstadt kam, schaute Michal, Sauls Tochter, aus dem Fenster, und als sie sah, wie der König David vor dem Herrn hüpfte und tanzte, verachtete sie ihn in ihrem Herzen. [17]Man trug die Lade des Herrn in das Zelt, das David für sie aufgestellt hatte, und setzte sie an ihren Platz in der Mitte des Zeltes, und David brachte dem Herrn Brandopfer und Heilsopfer dar. [18]Als David mit dem Darbringen der Brandopfer und Heilsopfer fertig war, segnete er das Volk im Namen des Herrn der Heere [19]und ließ an das ganze Volk, an alle Israeliten, Männer und Frauen, je einen Laib Brot, einen Dattelkuchen und einen Traubenkuchen austeilen. Dann gingen alle wieder nach Hause.*

[20]*Als David zurückkehrte, um seine Familie zu begrüßen, kam ihm Michal, die Tochter Sauls, entgegen und sagte: Wie würdevoll hat sich heute der König von Israel benommen, als er sich vor den Augen der Mägde seiner Untertanen bloßgestellt hat, wie sich*

*nur einer vom Gesindel bloßstellen kann.* [21]*David erwiderte Michal: Vor dem Herrn, der mich statt deines Vaters und seines ganzen Hauses erwählt hat, um mich zum Fürsten über das Volk des Herrn, über Israel, zu bestellen, vor dem Herrn habe ich getanzt;* [22]*für ihn will ich mich gern noch geringer machen als diesmal und in meinen eigenen Augen niedrig erscheinen. Bei den Mägden jedenfalls, von denen du gesprochen hast, stehe ich in Ehren.* [23]*Michal aber, die Tochter Sauls, bekam bis zu ihrem Tod kein Kind.*

David hatte acht Frauen und zehn Nebenfrauen. Sechs der acht Ehefrauen werden in den Listen 2Sam 3,2-5 und 1Chr 3,1-4 als Mütter ihrer Söhne mit Namen genannt. Dabei wird Davids erste Frau Michal nicht erwähnt, wahrscheinlich weil sie kinderlos war, und auch nicht seine letzte, Batseba, die in die spätere Jerusalemer Zeit gehört. Nur drei von allen acht Frauen gewinnen ein Profil, sie spielen in Erzählungen und Berichten eine Rolle: Michal, Abigajil und Batseba. Die zehn Nebenfrauen, auch sie Mütter von Söhnen, bleiben namenlos und werden 1Chr 3,9 deutlich von den Ehefrauen abgesetzt. Sie spielen die Rolle von Konkubinen. Denn es gibt keine Rechtsvorschriften für den Status der Nebenfrau.

Für unser Empfinden ist es befremdlich, daß die israelitische Ehe grundsätzlich polygam war. Das ist jedoch nicht verwunderlich, wenn man bedenkt, daß sie zunächst der Erhaltung und Besitzstandwahrung von Sippe und Stamm diente, daß die Kindersterblichkeit hoch war und die Lebenserwartung gering. Allerdings war die Polygamie nicht einfach die Regel. Schon in der Frühzeit setzt die Bibel das Nebeneinander von Monogamie und Polygamie als selbstverständlich voraus. Mehr als zwei Frauen dürften allerdings, allein aus finanziellen Gründen, die wenigsten Israeliten gehabt haben. Einen größeren Harem besaß nur der König. Er gehörte zum Aufwand der königlichen Lebensweise und war Statussymbol.

Michal und Abigajil gehören zu den ersten Frauen Davids. Während die Abigajil-Geschichte (1Sam 25,2-42) wie eine geschlossene Überlieferung wirkt, müssen die Nachrichten über Michal aus einem größeren Komplex der Samuelbücher zusammengetragen werden. Sie liegen nicht auf einer Ebene. 1Sam 18 und 19 gehören zu den Erzählungen von David und Saul, 2Sam 3 zu den Geschichten um den Aufstieg Davids, und 2Sam 6 ist wie ein Verbindungsstück zu den anschließenden Thronfolgegeschichten, in denen auch Batseba ihren Platz hat.
Ich verzichte hier auf die Zuweisung der Texte an die verschiedenen Autoren. Brüche, Widersprüche und Wiederholungen gehen auf verschiedene Überlieferungen zurück. Auch was an den Geschichten historisch ist, wird hier nicht gefragt. Denn auch erfundene Geschichten haben einen Wert, soziologisch oder psychologisch. Das zeigen zum Beispiel die Märchen. Andererseits können redaktionelle Einflüsse deutlich machen, wie sich das Bild, der Eindruck von einem Menschen im Laufe der Zeit verändert.

## MICHAL

So gibt es bei Michal Brüche in der literarischen Gestalt, die sie zwar interessant, aber schwer verständlich machen. Das wird nicht zuletzt in der Beziehung zu David deutlich. Michal liebt David (1Sam 18,20). Das ist eine auffallende Mitteilung. Denn nirgendwo außer im Hohenlied wird gesagt, daß eine Frau einen Mann liebt. Von ihr geht die Initiative aus. Und sie ist auch aktiv und mutig genug, um ihr Ziel, ihn zum Mann zu bekommen, zu erreichen. Dabei sprechen die Umstände gegen sie. Sie ist schließlich die Tochter des Königs Saul, und David ist ein armer junger Hirte. Er könnte niemals einen angemessenen Brautpreis aufbringen. Außerdem ist Saul nicht gut auf ihn zu sprechen, ja er haßt ihn geradezu, und es graut ihm vor ihm. Denn David ist jung und vital. Er sieht gut aus, besonders auffallend sind seine blonden Haare und schönen Augen (1Sam 16,12). Seine Ausstrahlungskraft muß groß sein. Er ist mutig und tüchtig. Was er auch unternimmt, es gelingt ihm, das Glück ist immer auf seiner Seite. Schon singen die Frauen auf den Straßen: »Saul hat Tausende erschlagen, David aber Zehntausende« (1Sam 18,7).

Kein Wunder, daß alle ihn lieben, zuerst auch Saul (1Sam 16,21), dann vor allem Jonatan (18,1.3; 20,17), aber auch die Diener Sauls (18,22), ja ganz Israel und Juda (18,16). Die gehäufte Bemerkung, daß David geliebt wird, spricht dafür, seinen Namen als »Liebling« zu deuten. In diese Reihe von Liebenden stellt der Verfasser auch Michal. Er verwendet für ihre Liebe dasselbe Wort wie für die Zuneigung aller anderen. Heißt das, daß Michals Liebe eher einer Bewunderung und Verehrung entspricht, wie sie einem Liebling Jahwes zukommt?

Je beliebter David wird, um so kritischer wird die Situation für Saul. Er überwirft sich auch noch mit Samuel, jenem Propheten und Priester, der ihn als König eingesetzt hat, und verliert in ihm seine geistige Stütze, was bei ihm ein an Wahnsinn grenzendes Mißtrauen hervorruft. Zeitweise depressiv, zeitweise hysterisch, fürchtet er, daß seine Position von David bedroht sei, und will ihn beiseite schaffen. Dafür ist ihm jedes Mittel recht. Nachdem er gemerkt hat, daß seine jüngere Tochter David liebt, läßt er zunächst seine Bediensteten David einreden, er habe gute Chancen, sein Schwiegersohn zu werden. Damit bringt er den zahlungsunfähigen David in größte Verlegenheit. Aber Saul weiß Rat. Er schlägt David vor, sich Michal zu verdienen. Es steht gerade ein Kampf gegen die immer wieder drohenden Philister an. Wenn David ihm »hundert Vorhäute der Philister« (1Sam 18,25) bringt – und das ist wörtlich gemeint –, kann er Michal haben. Es muß ein tollkühner Kampf gewesen sein. Saul hofft, der ihm verhaßte David werde fallen. Aber er gewinnt die Schlacht und bekommt Michal. Sauls Rechnung geht nicht auf. Ob David auch Michal liebt, ist nicht gesagt. Es heißt nur, es war ihm recht, des Königs

Schwiegersohn zu werden (18,26), vermutlich, weil er sich damit Chancen ausrechnete, an die Macht zu kommen.
Saul mit seiner Hinterlist unterliegt Michal noch ein zweites Mal. Wieder hat David einen Sieg errungen, wieder ist Saul auf ihn neidisch. Nachdem es Saul nicht gelungen war, David, als er Laute spielte, mit seinem Speer zu treffen, läßt er sein Haus umstellen, um ihn zu töten. Michal erkennt die Gefahr (David erkennt sie nicht) und rettet ihn. Sie läßt ihn durch das Fenster an der Palastmauer hinab ins Freie – ein bekanntes Erzählmotiv in der Bibel (Jos 2,15; Apg 9,25). Damit nicht genug, täuscht sie auch noch den Boten, die David suchen, vor, er sei krank. Zum Beweis hat sie die Gesichtsmaske der Hausgottheit im Bett drapiert. Als sie ihn dann in einem zweiten Anlauf holen wollen, ist David längst über alle Berge. Als Saul Michal Vorwürfe macht, sie habe »seinen Feind« laufen lassen, zieht sie sich auf die Behauptung zurück, David habe sie mit dem Leben bedroht, da sei ihr nichts anderes übrig geblieben. Klug, selbständig und spontan handelt Michal, bringt sich selbst in Gefahr, um David zu retten. Dafür setzt sie sogar ihr gutes Verhältnis zum Vater aufs Spiel, sie belügt und betrügt ihn und schützt ihre weibliche Schwachheit vor, um überzeugend zu sein.
Es liegt ein Abgrund zwischen Saul und David. Aber der von Gott »Verworfene« und der von Gott »Erwählte« sind miteinander verstrickt. Ihre Geschichten verlaufen parallel, die des einen in die Tragik, die des anderen zum Glanz. Es liegt auch ein Abgrund zwischen Saul und seinen Kindern Michal und Jonatan, denn ausgerechnet sie lieben David. So ist Saul auch innerlich isoliert. Aber der Erzähler wertet nicht. Auch Michal zeigt in der Auseinandersetzung mit Saul keine Emotionen, weder Freude noch Angst. Sie wirkt völlig sachlich und nüchtern. Von David kein Wort, keine Reaktion, auch später kein Dank.

Michal aber muß schwer büßen. Aus einer später von einem Redaktor hinzugefügten Bemerkung (1Sam 25,44) erfahren wir, daß Saul diese Ehe einfach unterbricht, indem er Michal einem anderen Mann namens Palti zur Frau gibt. Wie kann Saul über sie verfügen, wo sie doch verheiratet ist? Offenbar hatte David nach der Flucht keinen Kontakt mehr zu Michal, und Michal mußte wieder ins Elternhaus ziehen. Nun ist sie Saul vielleicht zu schade dafür, daß sie ihr Leben ohne Mann verbringen soll. Vielleicht will er sich auch an David rächen. Gleichzeitig wird erwähnt, daß David zwei neue Frauen hat, Ahinoam und Abigajil. Wir wissen nicht, ob David zuerst die beiden Frauen holte und Michal dann weggeschickt wurde oder ob Saul zuerst Michal wieder verheiratete und sich David daraufhin die neuen Frauen besorgte. Beides ist aufschlußreich für die Beziehung zwischen David und Michal. Hatte Saul sie weggegeben, bevor Ahinoam und Abigajil da waren, warum verhinderte David das nicht? Waren die Frauen zuerst da, war er selbst Michals überdrüssig geworden? Auf jeden Fall rührt David keinen Finger, um Michal zu behalten. Offenbar liegt ihm nicht mehr viel an ihr, weil er erreicht hatte, was er wollte.

Aber dann, einige Zeit später, fordert David Michal überraschend zurück. Dafür gibt es zwei Überlieferungen. In der ersten Version (2Sam 3,13) ist Abner der Ansprechpartner. Abner, ein angesehener Heerführer Sauls, schwenkt von Saul zu David um und möchte einen Vertrag mit ihm schließen. Dieser ist aber dazu nur bereit, wenn Abner ihm Michal zurückbringt. In der zweiten Version (2Sam 3,14) wendet sich David deswegen an Ischbaal, einen Sohn Sauls. Zwischen beiden Versionen gibt es einen Unterschied in der Begründung und Absicht Davids. Abner gegenüber nennt David Michal »Sauls Tochter« und betont damit die Rechtmäßigkeit in der Dynastie-Nachfolge, von Ischbaal fordert er sie als »seine Frau« und verweist damit darauf, daß er sie rechtmäßig erworben hat, indem er die hundert Vorhäute der Philister beibrachte. Mit Sicherheit will er seinen Anspruch, Sauls Nachfolger zu werden, geltend machen. Da wird Michal um ihre Meinung gar nicht gefragt. Sie bleibt stummes, passives Objekt und spielt ihre Rolle im politischen Spiel Davids. Von ihrem Mann Palti, dem sie ebenso weggenommen wird wie einst David, heißt es, er sei ihr weinend und protestierend bis ins nächste Dorf gefolgt, dann aber verjagt worden. Die menschliche Tragik des Palti ist dem biblischen Erzähler durchaus bewußt, aber er ordnet selbstverständlich die persönlichen Empfindungen des einzelnen den (politischen) Interessen der Sippe unter. Was in Michal selbst vorging, wissen wir nicht. Ist sie erstarrt in ihrem Unglück? Und warum ist David so brutal zu ihr, daß er sie als Prestigeobjekt mißbraucht? Von Liebe jedenfalls kann lange keine Rede mehr sein.

## Der Bruch

Das wird in der Begegnung am Schluß besonders deutlich (2Sam 6,16-23). David hatte Jerusalem eingenommen und wollte es zum Regierungssitz ausbauen. Dazu gehörte auch, daß die Bundeslade dorthin gebracht wurde. Nach einem Unglücksfall und mit äußerster Vorsicht – es ist immerhin das Allerheiligste – zieht die Prozession in die Stadt ein. Die Anspannung löst sich in begeistertem Jubel und Posaunenklang. Als Michal aus ihrem Fenster schaut, sieht sie, wie David, nur unzureichend mit einem leinenen Lendenschurz bekleidet, vor der Bundeslade hertanzt. Da verachtet sie ihn zutiefst. Und als David dann nach Hause kommt, macht sie ihm Vorhaltungen. Wie peinlich! Höchst unwürdig habe sich der König verhalten, vor den Knechten und Mägden so entblößt herumzuhüpfen. Aus der Reaktion Davids können wir schließen, wie tief Michal ihn trifft, wie mir scheint, in dreierlei Hinsicht:

1. David rechtfertigt sein Verhalten mit religiösen Gründen. Er hört also sehr deutlich aus Michals Vorwurf eine Art Kritik an seinem theologischen Denken heraus. Sie kann nur darin bestehen, daß er sich mit diesem Kulttanz vom Jahwismus abwendet und auf alte kanaanäische Praktiken zurückgreift. David hingegen versteht den Tanz als Demütigung vor seinem Gott, denn von ihm weiß er sich zum König bestellt. Wer sich selbst erniedrigt, soll erhöht werden. Seine Antwort, in Prosa beginnend, geht in rhythmische Rede über, in einen uralten Vers, der wohl wirklich schon in kanaanäischer Zeit bei Tanzprozessionen gesungen wurde: »Vor dem Herrn will ich springen, will tanzen vor dem Herrn.« David und Michal vertreten jeweils eine andere Religion.

2. Gleichzeitig geht es auch um ein kontroverses Verständnis von Königtum. Michal wird hier wiederum nicht als Davids Frau, sondern als Tochter Sauls eingeführt (2Sam 6,20). Dahinter steht wohl, daß sie die Art, wie Saul das Königtum verkörpert hat, den gewalttätigen Machenschaften, die David, vor allem bei der Einverleibung des Nordreiches, an den Tag legte, vorzieht. Diese Kritik, ja Ablehnung des Königtums Davids, der ja theologisch längst als der »Verheißene« beglaubigt ist, ist wohl auch der Grund dafür, daß Michal am Ende von Gott verurteilt wird. Denn »sie blieb kinderlos bis zum Tag ihres Todes« (2Sam 6,23). Kinderlosigkeit gilt als Strafe Gottes. Michal hat nicht nur mit David, sondern auch mit Jahwe gebrochen.

3. Kinderlosigkeit ist auch ein Scheidungsgrund. Die beiden Ehepartner müssen sich sehr lieben, wenn sie trotzdem zusammen bleiben (wie Hanna und Elkana). Für Michal und David aber ist die Kluft unüberbrückbar geworden. Deshalb muß David auch die Kritik an seiner Person am tiefsten getroffen haben. Denn es geht ja nicht nur darum, daß er sich unangemessen, nicht königsgemäß verhalten hat. Hier wird ihm seine Herkunft vorgeworfen. Er wird mit den Knechten und Mägden auf eine Stufe gestellt.

Michal hält ihm vor, ein ungehobelter, derber Mensch geblieben zu sein, kulturlos und unsensibel, an dem man Anstoß nimmt. Dem Vergleich mit den Knechten und Mägden begegnet David mit ironischer Übertreibung, wenn er ankündigt, daß er gerade bei den Mägden noch zu Ehren kommen wolle. Könnte der Schriftsteller hier eine Anspielung auf Davids freizügiges Sexualleben gemacht haben? Immerhin spielt diese Begebenheit am Beginn der Jerusalemer Zeit. Aus den erwähnten »Listen« über seine Nachkommen geht eindeutig hervor, daß alle zehn Nebenfrauen – und wahrscheinlich hatte er noch andere Beziehungen – aus der Jerusalemer Zeit stammen, daß aber gleichzeitig von keiner seiner Ehefrauen mehr die Rede ist. Dann wäre Michals Hinweis auf die Mägde als Kritik an seinem freizügigen Leben zu verstehen. Eine ähnliche Kritik wird ja auch in der Batseba-Geschichte laut. Der Bruch ist vollzogen. Michal steht nicht mehr auf Davids Seite, sie vertritt die Positition ihres Vaters. Sie verachtet David, wie einst Saul ihn verachtet hat, sie provoziert ihn, wie Saul ihn verfolgt hat. Am Anfang hatte sie ihn geliebt und ihm das Leben gerettet, jetzt verhöhnt sie ihn. Zwar ergreift sie noch einmal die Initiative, taucht aus ihrer jahrzehntelang erduldeten Passivität auf, aber sie ist bitter und hart geworden. Zwar ist sie unabhängig und frei – auch von David –, aber ausgebrannt, unglücklich und zukunftslos.

Die Sympathie liegt, zumindest am Ende dieser Beziehung, bei David. Die Mägde verstehen ihn besser als Michal. Unbekümmert feiert er sein Fest, er ist glücklich und strahlend. Schließlich steht er auch im Zenit der Macht. David braucht Michal nicht mehr. Hat er sie überhaupt je geliebt?

# ABIGAJIL

*(1Samuel 25,2-42)*

[2]Damals lebte in Maon ein Mann, der sein Gut in Karmel hatte.
Der Mann war sehr reich; er besaß dreitausend Schafe und tausend
Ziegen. Er war eben dabei, in Karmel seine Schafe zu scheren. [3]Der
Mann hieß Nabal und seine Frau Abigajil. Die Frau war klug und
von schöner Gestalt, aber der Mann war roh und bösartig; er war
ein Kalebiter. [4]David hörte in der Steppe, daß Nabal dabei war,
seine Schafe zu scheren. [5]Er schickte zehn junge Männer hin und
sagte zu ihnen: Geht hinauf nach Karmel, und wenn ihr zu Nabal
kommt, entbietet ihm in meinem Namen den Friedensgruß [6]und
sagt so zu meinem Bruder: Friede sei mit dir, Friede mit deinem
Haus, Friede mit allem, was dir gehört. [7]Ich habe soeben gehört,
daß du bei der Schafschur bist. Nun sind deine Hirten mit ihren
Schafen bei uns gewesen; wir haben ihnen nichts zuleide getan, und
sie haben nichts vermißt, solange sie in Karmel waren. [8]Frag deine
jungen Leute, sie werden es dir bestätigen. Mögen also meine jun-
gen Männer dein Wohlwollen finden; wir sind ja an deinem Festtag
gekommen. Darum gib deinen Knechten und deinem Sohn David,
was du gerade zur Hand hast. [9]Davids junge Leute kamen zu Nabal
und redeten im Auftrag Davids, wie er es gesagt hatte, mit ihm;
danach warteten sie ruhig ab. [10]Nabal aber gab den Knechten
Davids zur Antwort: Wer ist denn David, wer ist der Sohn Isais?
Heute gibt es viele Knechte, die ihren Herren davongelaufen sind.
[11]Soll ich etwa mein Brot und mein Wasser, und was ich für meine
Schafscherer geschlachtet habe, nehmen und es Männern geben,
von denen ich nicht einmal weiß, woher sie sind? [12]Die Leute
Davids kehrten um und kamen zurück. Als sie angekommen waren,
berichteten sie ihm alles, was Nabal gesagt hatte. [13]Da sagte David
zu seinen Männern: Jeder hänge sein Schwert um. Alle hängten ihr
Schwert um; auch David hängte sein Schwert um. Und sie zogen
mit David hinauf, etwa vierhundert Mann, während zweihundert
beim Gepäck blieben.

[14]Inzwischen hatte einer der jungen Männer Abigajil, der Frau
Nabals, berichtet: David hat aus der Steppe Boten geschickt, um
unserem Herrn seine Segenswünsche entbieten zu lassen, aber er
hat sie schroff abgewiesen. [15]Dabei waren die Männer sehr
freundlich zu uns. Wir wurden nicht beschimpft, und wir haben
nie etwas vermißt in der ganzen Zeit, in der wir mit ihnen um-
herzogen, als wir auf der Weide waren. [16]Sie haben bei Tag und
bei Nacht eine Mauer um uns gebildet, die ganze Zeit hindurch,
da wir mit ihnen zusammen waren und unsere Schafe hüteten.
[17]Nun aber überleg dir genau, was du tun kannst; denn unserem
Herrn und seinem ganzen Haus droht Unheil. Er ist ein so übler
Mensch, daß man nicht mit ihm reden kann. [18]Da nahm Abigajil
in aller Eile zweihundert Brote und zwei Schläuche Wein, fünf
schon zurechtgemachte Schafe, fünf Scheffel geröstetes Korn,
hundert Rosinenkuchen und zweihundert Feigenkuchen, lud alles
auf Esel [19]und sagte zu ihren Knechten: Geht mir schon voraus,
ich komme euch gleich nach. Ihrem Mann Nabal aber teilte sie
nichts davon mit.

[20]Als sie auf ihrem Esel im Schutz eines Berges hinabritt, kamen
ihr plötzlich David und seine Männer entgegen, so daß sie mit
ihnen zusammentraf. [21]David hatte eben gesagt: Wahrhaftig, ich
habe all das, was diesem Mann gehört, ganz umsonst in der Steppe
beschützt; von all seinem Besitz wurde nichts vermißt, doch er
hat mir Gutes mit Bösem vergolten. [22]Gott möge mir dies und
das antun, wenn ich von allem, was ihm gehört, bis zum Morgen
auch nur einen Mann übriglasse. [23]Als Abigajil David sah, stieg
sie schnell von ihrem Esel, warf sich vor David nieder und ver-
neigte sich bis zur Erde. [24]Sie fiel ihm zu Füßen und sagte: Mich
allein, Herr, trifft die Schuld. Möge deine Magd mit dir reden
dürfen; höre, was deine Magd zu sagen hat. [25]Mein Herr, achte
nicht auf diesen üblen Mann Nabal; denn wie sein Name sagt, so
ist er: Nabal heißt er, und voll Torheit ist er. Ich, deine Magd,
habe die jungen Leute, die du, mein Herr, geschickt hast, nicht

*gesehen. [26]Doch nun, so wahr der Herr lebt, und so wahr du*
*selbst lebst, hat dich der Herr davor bewahrt, Blutschuld auf dich*
*zu laden und dir selbst zu helfen. Möge es deinen Feinden und*
*allen, die gegen meinen Herrn Böses planen, ebenso ergehen wie*
*Nabal. [27]Dieses Geschenk aber, das deine Magd meinem Herrn*
*mitgebracht hat, möge jetzt den jungen Leuten gegeben werden,*
*die meinem Herrn folgen. [28]Verzeih deiner Magd ihr Vergehen!*
*Denn der Herr wird meinem Herrn sicher ein Haus errichten, das*
*Bestand hat, weil mein Herr die Kriege des Herrn führt, und man*
*wird dir nichts Böses vorwerfen können, solange du lebst. [29]Wenn*
*sich aber ein Mensch erhebt, um dich zu verfolgen und dir nach*
*dem Leben zu trachten, dann sei das Leben meines Herrn beim*
*Herrn, deinem Gott, eingebunden in den Beutel des Lebens; das*
*Leben deiner Feinde aber möge der Herr mit einer Schleuder*
*fortschleudern. [30]Wenn dann der Herr meinem Herrn all das Gute*
*erweist, das er dir versprochen hat, und dich zum Fürsten über*
*Israel macht, [31]dann sollst du nicht darüber stolpern, und dein*
*Gewissen soll meinem Herrn nicht vorwerfen können, daß du*
*ohne Grund Blut vergossen hast und daß sich mein Herr selbst*
*geholfen hat. Wenn der Herr aber meinem Herrn Gutes erweist,*
*dann denk an deine Magd! [32]Da sagte David zu Abigajil: Geprie-*
*sen sei der Herr, der Gott Israels, der dich mir heute entgegen-*
*geschickt hat. [33]Gepriesen sei deine Klugheit, und gepriesen seist*
*du, weil du mich heute daran gehindert hast, Blutschuld auf mich*
*zu laden und mir selbst zu helfen. [34]Aber so wahr der Herr, der*
*Gott Israels, lebt, der mich davon abgehalten hat, dir etwas Böses*
*zu tun: Wärest du mir nicht so schnell entgegengekommen, dann*
*wäre von Nabals Männern am anderen Morgen keiner mehr übrig*
*gewesen. [35]Und David nahm von ihr entgegen, was sie ihm ge-*
*bracht hatte, und sagte zu ihr: Geh in Frieden hinauf in dein*
*Haus! Denk aber daran: Ich habe auf dich gehört und dich gnädig*
*aufgenommen. [36]Als Abigajil zu Nabal kam, veranstaltete er in*
*seinem Haus gerade ein Trinkgelage wie ein König. Nabal war*
*in fröhlicher Stimmung, aber völlig betrunken. Darum erzählte*

*sie ihm mit keinem Wort, was geschehen war, bis zum anderen Morgen. [37]Als dann am Morgen der Rausch Nabals vorüber war, berichtete ihm seine Frau, was sich zugetragen hatte. Da versagte das Herz in seiner Brust, und er war wie versteinert. [38]Nach etwa zehn Tagen schlug der Herr den Nabal, so daß er starb. [39]Als David hörte, daß Nabal tot sei, sagte er: Gepriesen sei der Herr, der meinen Rechtsstreit gegen Nabal wegen der Schmach, die mir angetan wurde, geführt hat und der seinen Knecht von einer bösen Tat zurückgehalten hat; die Bosheit Nabals aber hat der Herr auf ihn selbst zurückfallen lassen. Darauf schickte David zu Abigajil, er wolle sie zur Frau nehmen. [40]Die Diener Davids kamen zu Abigajil nach Karmel, redeten mit ihr und sagten: David schickt uns zu dir, weil er dich zur Frau nehmen will. [41]Sie stand auf, verneigte sich bis zur Erde und sagte: Deine Magd steht als Dienerin bereit, um den Dienern meines Herrn die Füße zu waschen. [42]Dann machte sich Abigajil in aller Eile auf, setzte sich auf ihren Esel, und ihre fünf Mägde folgten ihr. Sie zog den Boten Davids nach und wurde seine Frau.*

David hatte ein Söldnerheer aufgestellt, desolate Gestalten, um sich vor Saul zu schützen. Diese hatten sich Nabal, einem reichen Kleintierzüchter, gegenüber anständig verhalten und seine Hirten sogar vor Banden geschützt. Zur Zeit der Schafschur nun schickt David deshalb zehn Leute zu ihm, um ihn um eine Abgabe zu bitten. Nabal aber verkennt die Situation und verhöhnt die Männer. Da rüstet David zur Rache. Als Abigajil, die Frau Nabals, von Davids Absicht erfährt, packt sie lauter gute Sachen auf die Esel und zieht ihm entgegen, um ihn zu besänftigen. Es gelingt ihr nicht nur, David von seinem Rachefeldzug abzuhalten. David holt sie auch sofort, nachdem Nabal kurz darauf an Herzversagen gestorben ist, zu sich als seine Frau.

## Abigajil setzt sich für ihren Mann Nabal ein

Was spielt sich in dieser kurzen Begegnung auf dem Weg zwischen David und Abigajil ab? Ist es »Liebe auf den ersten Blick«? Es könnte sein, daß Abigajil von David, der sich in vielen Siegen über die Landesfeinde, die Philister, mit Härte und Entschlossenheit hervortat, schon gehört hat. Jedenfalls scheint ihr absolute Eile geboten zu sein, um das Unheil von ihrem Mann Nabal abzuwenden. Sie tritt für ihn ein, hält ihn aber aus der Sache heraus, wohl wissend, daß dieser sture Grobian nur alles kaputt machen könnte. Was für ein Mut gehört für eine Frau dazu, sich einer Gruppe von Freischärlern entgegenzustellen! Hinter einem Bergvorsprung stehen sie sich unvermittelt gegenüber, auf der einen Seite David mit seinen wilden Gestalten, auf der anderen Seite ein paar Knechte und vorneweg Abigajil. Gerade noch hatte David in einer Art Selbstgespräch seine Drohung, das ganze Haus Nabal auszurotten, wiederholt. Abigajil reagiert sofort, steigt von ihrem Esel ab und wirft sich vor David auf den Boden. Etwas befremdlich erscheint uns diese Unterwürfigkeit, die der Erzähler durch die Häufung der entsprechenden Ausdrücke geschickt unterstreicht: »sie warf sich vor ihm nieder«, »verneigte sich bis zur Erde«, »sie fiel ihm zu Füßen« (1Sam 25,23f.). Das kann nicht nur orientalische Höflichkeit sein, ebensowenig wie ihre eloquente Rede, die eine rhetorische und psychologische Meisterleistung darstellt. Gewiß ist es ihre Absicht, Nabal zu retten. Immer wieder retten Frauen ihre Männer, die sich durch Dummheit oder Wagemut (wie David bei Michal) in Gefahr begeben haben. Ob das bei Abigajil aus Liebe geschieht, mag dahingestellt bleiben. Es zeugt aber doch von dem Willen, für ihren Mann Nabal einzustehen und ihn nicht im Stich zu lassen – und das ist partnerschaftliches Verhalten.

Und dann redet Abigajil auf David ein mit einem Wortschwall, der ihm keine Chance läßt, dazwischenzukommen. Auch die geschickt taktierende Rede strotzt von demütiger Unterwerfung:

Sechsmal bezeichnet sie sich als »deine Magd«, sechsmal nennt sie David »mein Herr«, und oft rückt sie David als Herren so nahe an Jahwe als Herren heran, daß man Mühe hat, sie auseinanderzuhalten. Auch inhaltlich geht sie äußerst raffiniert vor. Sie nimmt sofort alle Schuld Nabals auf sich. Hätte sie die Leute Davids gesehen, wäre das alles nicht passiert, sagt sie. Aber Nabal sei so dumm, daß es nicht lohne, einen Gedanken an ihn zu verschwenden. Auf der Folie des dummen, geizigen Grobians erstrahlen Abigajils Charme und Klugheit um so mehr. Indem sie sich – grundlos – selbst belastet, ihren Mann aber für einen Nichtsnutz erklärt und ihn dadurch entlastet, wird der ganze Vorfall bedeutungslos. David wird die Möglichkeit zur Rache genommen.

Auch ihrem zweiten Argument kann David sich nicht entziehen: Er solle kein Blut vergießen, er solle sich nicht schuldig machen, denn Gott habe noch viel mit ihm vor. Wie eine Prophetin sagt sie ihm voraus, daß seine Dynastie Bestand haben werde. Das mußte David in seiner politisch unsicheren Lage gefallen. Und sie kündigt ihm an, daß er Herr über Israel sein und ihm alles gelingen werde. Von Verheißung ist die Rede, von Glück. Begierig saugt David diese guten Nachrichten auf. Abigajil ist für ihn wie ein Sprachrohr Gottes. Gewürzt werden diese guten Zukunftsaussichten mit den entsprechenden Segenswünschen, Labsal für Davids Seele. Abigajil hat richtig kalkuliert. David ist fasziniert. Großmütig verzeiht er Nabal und bedankt sich bei Abigajil, daß sie ihn vor dem Blutvergießen bewahrt hat. Nabals Tod versteht David dann so, daß Gott ihn gerächt habe. Hatte nicht Abigajil ihm gsagt, daß von nun an Gott selbst sein Schicksal lenken werde? Sofort läßt er Abigajil als seine Frau holen. Diese scheint nur darauf gewartet zu haben, denn sie macht sich »in aller Eile« mit den Boten auf den Weg zu David.

## Abigajil nutzt ihre Chance

Am Anfang kann Abigajil nicht damit rechnen, Davids Frau zu werden. Da geht es ihr um Nabal. Schließlich hängt an seinem Leben auch ihre Existenz. Die Ausrottung aller Männer im Haus Nabal hätte für sie ein Sklavendasein bedeutet. Als sie aber merkt, wie beeindruckt David von ihr ist, verändert sie ihre Absicht. Plötzlich sieht sie eine Chance für sich. Sie lenkt Davids Aufmerksamkeit von Nabal auf sich selbst und beendet ihre Rede: »Wenn es dir dann gut geht, erinnere dich an mich, deine Magd« (1Sam 25,31). Meint sie damit, daß ihr ja auch ein Lohn für ihre günstigen Prognosen zusteht, oder dachte sie an mehr? Schließlich war es besser, einen schönen, jungen Partisanenführer zum Mann zu haben als einen dummen, geizigen Säufer! Der Umschwung geschieht im Reden. Nun verfolgt sie ein Ziel, spielerisch, neugierig und hellwach. Dazu gehört auch die Berichterstattung, die sie Nabal gibt. Muß sie ihn zu Tode erschrecken? So klug und geschickt, wie sie bei David taktiert, könnte sie Nabal sicher auch schonender informieren. So macht sich Abigajil äußerlich zwar klein vor David, in Wirklichkeit aber ist sie ihm überlegen.

Sie erreicht ihr Ziel mit den Mitteln einer Frau, durch Charme, List, Redegewandtheit, Unterwürfigkeit und Schmeicheln. Sie setzt ihren Reichtum und ihre Bildung ein und, indem sie für sich selbst sorgt, erweist sie sich als emanzipierte Frau. Ob sie David geliebt hat, kann man nicht sagen. Es sieht doch eher nach Kalkül aus. Und wie sieht David Abigajil? Sicher gefällt sie ihm, und es klingt wie eine Verheißung, wenn er zum Schluß sagt: »Denk daran, ich habe auf dich gehört und dich gnädig aufgenommen.« Aber vor allem bedeutet auch sie für David einen Machtzuwachs. Sie fügt sich gut in seine Bemühungen um die Herrschaft ein. Denn sie stammt aus reichem judäischen Haus, das sicher großen politischen Einfluß hatte. Und sie hat alles, was eine zukünftige Königin braucht. Der biblische Schriftsteller hat jedenfalls diese Episode im Zusammenhang mit den Aufstiegsgeschichten über

David sicher deshalb erzählt, um zu zeigen, wie David an seine Frau Abigajil gekommen ist.
Gegen eine Liebesheirat spricht auch, wie ihre Geschichte weitergeht. Abigajil wird nur noch zusammen mit der ungefähr gleichzeitig in Davids Leben auftauchenden anderen Frau, Ahinoam aus Jesreel, genannt. Beide fliehen sie mit David nach Gat (1Sam 27,3), werden in Ziklag von den Amalekitern gefangen genommen (1Sam 30,5), von David wieder befreit und ziehen schließlich mit ihm nach Hebron, wo sie beide einen Sohn zur Welt bringen. Damit hat sich ihre Funktion erfüllt. Ihre Spur verliert sich in Bedeutungslosigkeit. Ihr Leben als Königin war ohne Glanz.

## Wie stand David zu seinen Frauen?

David hat wahrscheinlich weder Michal noch Abigajil geliebt. Beide brauchte er, um seinen Einfluß zu festigen. Und auch Batseba ließ er kommen als Mann, der von der Leidenschaft überwältigt war, und als König, der Macht hat. Daß in einer seiner Beziehungen Zuwendung oder Gefühl eine Rolle spielte, ist nicht zu vermuten. Selbst in der Freundschaft mit Jonatan war Jonatan immer der Gebende. Jonatan »liebte David wie sein eigenes Leben« (1Sam 18,1.3). Er vermittelte zwischen Saul und David und verzögerte so den Bruch zwischen ihnen. Auch Jonatans Liebe war dazu bestimmt, David als König zu legitimieren. Daran ändert auch nichts das Klagelied, das David auf Saul und Jonatan singt (2 Sam 1,17-27), übrigens der älteste und historisch gesichertste Text dieser Geschichte. David war bei allen beliebt. Er war vor allem der Liebling der Frauen. Acht Frauen und zehn Nebenfrauen – das bedeutet, daß er immer neue Frauen und neue Liebesreize brauchte, daß er sich durch wechselnde Partnerinnen bewundern ließ, aber keine gefühlsmäßige Bindung zu ihnen herstellte. Wirkliche Liebe ist (Beziehungs-)Arbeit und Mühe. Auch dafür gibt es im Alten Testament Beispiele, etwa Elkana und

Hanna (1Sam 1) oder Jakob und Rahel (Gen 29,18). Für David war Geld, Prestige und Macht wichtiger, Liebe war eher eine Zutat und Luxus. War David liebesunfähig?

# Eine Dreiecksgeschichte

## DIE FRAU AUS SCHUNEM ZWISCHEN ZWEI MÄNNERN

*(2Könige 4,8-37)*

8 *Eines Tages ging Elischa nach Schunem. Dort lebte eine vorneh-*
*me Frau, die ihn dringend bat, bei ihr zu essen. Seither kehrte er*
*zum Essen bei ihr ein, sooft er vorbeikam.* 9 *Sie aber sagte zu ihrem*
*Mann: Ich weiß, daß dieser Mann, der ständig bei uns vorbei-*
*kommt, ein heiliger Gottesmann ist.* 10 *Wir wollen ein kleines,*
*gemauertes Obergemach herrichten und dort ein Bett, einen*
*Tisch, einen Stuhl und einen Leuchter für ihn bereitstellen. Wenn*
*er dann zu uns kommt, kann er sich dorthin zurückziehen.*

11 *Als Elischa eines Tages wieder hinkam, ging er in das Oberge-*
*mach, um dort zu schlafen.* 12 *Dann befahl er seinem Diener*
*Gehasi: Ruf diese Schunemiterin! Er rief sie, und als sie vor ihm*
*stand,* 13 *befahl er dem Diener: Sag zu ihr: Du hast dir so viel*
*Mühe um uns gemacht. Was können wir für dich tun? Sollen wir*
*beim König oder beim Obersten des Heeres ein Wort für dich*
*einlegen? Doch sie entgegnete: Ich wohne inmitten meiner Ver-*
*wandten.* 14 *Und als er weiter fragte, was man für sie tun könne,*
*sagte Gehasi: Nun, sie hat keinen Sohn, und ihr Mann ist alt.*
15 *Da befahl er: Ruf sie herein! Er rief sie, und sie blieb in der Tür*
*stehen.* 16 *Darauf versicherte ihr Elischa: Im nächsten Jahr um*
*diese Zeit wirst du einen Sohn liebkosen. Sie aber entgegnete: Ach*
*nein, Herr, Mann Gottes, täusche doch deiner Magd nichts vor!*
17 *Doch die Frau wurde schwanger, und im nächsten Jahr, um die*
*Zeit, die Elischa genannt hatte, gebar sie einen Sohn.*

*[18]Als das Kind herangewachsen war, ging es eines Tages zu seinem*
*Vater hinaus zu den Schnittern. [19]Dort klagte es ihm: Mein Kopf,*
*mein Kopf! Der Vater befahl seinem Knecht: Trag das Kind heim*
*zu seiner Mutter! [20]Der Knecht nahm es und brachte es ihr. Es*
*saß noch bis zum Mittag auf ihren Knien; dann starb es. [21]Sie*
*stieg nun in das obere Gemach hinauf, legte das Kind auf das*
*Bett des Gottesmannes und schloß die Tür hinter ihm ab. Dann*
*verließ sie das Haus, [22]rief ihren Mann und bat ihn: Schick mir*
*einen von den Knechten und einen Esel! Ich will zum Gottesmann*
*eilen und komme bald zurück. [23]Er wandte ein: Warum gehst du*
*heute zu ihm? Es ist doch nicht Neumond und nicht Sabbat. Doch*
*sie sagte nur: Friede mit dir!, [24]sattelte den Esel und befahl dem*
*Knecht: Treib tüchtig an, und halte mich beim Reiten nicht auf,*
*es sei denn, daß ich es dir sage.*
*[25]So reiste sie ab und kam zum Gottesmann auf den Karmel. Als*
*er sie von ferne sah, sagte er zu seinem Diener Gehasi: Da kommt*
*die Schunemiterin. [26]Lauf ihr entgegen, und frag sie: Geht es dir*
*gut? Geht es auch deinem Mann und dem Kind gut? Sie antwor-*
*tete: Es geht gut. [27]Sobald sie aber zu dem Gottesmann auf den*
*Berg kam, umfaßte sie seine Füße. Gehasi trat hinzu, um sie*
*wegzudrängen; aber der Gottesmann wehrte ab: Laß sie; denn*
*ihre Seele ist betrübt. Doch der Herr hat mir den Grund verborgen*
*und mir nicht mitgeteilt. [28]Darauf sagte sie: Habe ich denn meinen*
*Herrn um einen Sohn gebeten? Habe ich nicht gesagt: Mach mir*
*keine falschen Hoffnungen? [29]Elischa befahl nun Gehasi: Gürte*
*dich, nimm meinen Stab in die Hand, und mach dich auf den*
*Weg! Wenn du jemand begegnest, so grüß ihn nicht; und wenn*
*dich jemand grüßt, so antworte ihm nicht! Leg meinen Stab auf*
*das Gesicht des Kindes! [30]Aber die Mutter des Kindes sagte: So*
*wahr der Herr lebt, und so wahr du lebst: Ich lasse nicht von dir*
*ab. Da stand er auf und folgte ihr. [31]Gehasi war vorausgeeilt und*
*hatte den Stab auf das Gesicht des Kindes gelegt; doch es kam*
*kein Laut und kein Lebenszeichen. Daher lief er zum Gottesmann*
*zurück und berichtete: Das Kind ist nicht aufgewacht.*

*32 Als Elischa in das Haus kam, lag das Kind tot auf seinem Bett.*
*33 Er ging in das Gemach, schloß die Tür hinter sich und dem*
*Kind und betete zum Herrn. 34 Dann trat er an das Bett und warf*
*sich über das Kind; er legte seinen Mund auf dessen Mund, seine*
*Augen auf dessen Augen, seine Hände auf dessen Hände. Als er*
*sich so über das Kind hinstreckte, kam Wärme in dessen Leib.*
*35 Dann stand er auf, ging im Haus einmal hin und her, trat wieder*
*an das Bett und warf sich über das Kind. Da nieste es siebenmal*
*und öffnete die Augen. 36 Nun rief Elischa seinen Diener Gehasi*
*und befahl ihm, die Schunemiterin zu rufen. Er rief sie, und als*
*sie kam, sagte der Gottesmann zu ihr: Nimm deinen Sohn! 37 Sie*
*trat hinzu, fiel Elischa zu Füßen und verneigte sich bis zur Erde.*
*Dann nahm sie ihren Sohn und ging hinaus.*

Eigentlich wird die Geschichte wegen Elischa erzählt. Er gilt als Schüler des Propheten Elija und trägt in der alttestamentlichen Überlieferung die Titel »Prophet« und »Gottesmann«. Beide sind in der Bedeutung verwandt. Ein Prophet steht in unmittelbarem Kontakt zu Gott und vermittelt dessen Auftrag und Wunsch dem Volk. Er ist »der (von Gott) Gerufene« und zugleich »der Rufende« (hebr. *nabi*), das heißt, er verkündet das ihm von Gott eingegebene Wort. Deshalb genießt er große Autorität und ist hochangesehen. Bei Elischa fällt vor allem seine politische Tätigkeit auf und seine Beziehung zu den besseren Kreisen. Er hat Zugang zum König und kann sich einen Knecht leisten. Er ist Mitwisser in den Thronfolgefragen der Aramäer (2Kön 8,7-15) und unterstützt die Revolution des Jehu gegen die Omri-Dynastie (2Kön 9,1-3), weil er hofft, damit den Baalkult vom Nordreich abzuwehren. Ja es wird ihm sogar zugetraut, daß er durch seine hellseherischen Fähigkeiten Kriege beeinflussen kann (2Kön 6,8-7,20). Beim einfachen Volk tritt er eher als »Gottesmann« auf. Da wirkt er Wunder, um Not zu lindern, nimmt Zauberhandlungen vor, bei denen er auch magische Mittel wie Salz, Mehl und Holz benutzt. Seine Tätigkeit

hat eine große Spannbreite, und seine Ausstrahlungskraft ist beeindruckend.
Er wohnt höchst wahrscheinlich in der Nähe der uralten Kultstätten am südöstlichen Ausläufer des Karmelgebirges, dort, wo auch Elija gelebt hat (Höhle Muchraka), zusammen mit anderen Prophetenschülern in einer Gemeinschaft. Von dort nach Schunem sind es in südöstlicher Richtung etwa 30 km. Sehr wahrscheinlich hat Elischa oft das uralte Heiligtum auf dem Berg Tabor besucht, das ungefähr 14 km in nordöstlicher Richtung von Schunem entfernt ist. Schunem liegt also nicht am Weg, wenn er vom Karmel zum Tabor geht, er muß einen Umweg machen. Was bewegt ihn dazu?

## Der Text

Doch zuerst noch ein paar Worte zum Text. Abgesehen von der Situationsbeschreibung am Anfang (4,8-10) ist es eine vorwärtsdrängende Geschichte. Das Unwichtige wird ausgelassen, die wichtigen Stellen punktartig beleuchtet. Die Erzählung ist um 750 v.Chr. in prophetischen Kreisen entstanden, sie ist nachträglich in das deuteronomistische Geschichtswerk, zu dem auch die Königsbücher gehören, eingefügt worden. Dem ging ein komplizierter Entstehungsprozeß voraus. Man merkt das noch an syntaktischen Brüchen und an unverständlichem Personenwechsel. Insgesamt hat der Text legendarischen Charakter. Er soll Elischa als Gottesmann erweisen. Sein historischer Quellenwert ist gering. Es geht lediglich darum, die Würde und das Ansehen dieses Wanderpropheten in den Vordergrund zu stellen. Dazu dient vor allem das Wunder der Auferweckung, von dem in unserer Geschichte die Rede ist. Es drückt in höchstem Maß die Verehrung für Elischa aus. Der Text ist ganz und gar reflexionsfern. Das ist für die heutigen Exegeten ein Kriterium dafür, daß er älter ist als die Parallelgeschichte über Elija (1Kön 17-24). Bislang nahm man eine umgekehrte Abhängigkeit an. Das hat interessante Folgen für die Elija-Forschung. Sicher kannte der Autor unserer Elischa-Geschichte die Erzählung Gen 18,10-14, in der es auch um die Verheißung eines Sohnes geht.

## Die Situation

Elischa nimmt also seinen Weg über Schunem, zufällig. »Eines Tages begab es sich«, sagt der Text, unbeabsichtigt, ungeplant. Und zufällig werden sie sich auch begegnet sein, die reiche »große« Frau (auch sie ohne Namen) und der mittellose wandernde Prophet. Sie hat in Elischa sofort einen ungewöhnlichen Menschen erkannt, denn sie lädt ihn zu sich ein. Schnell ergibt sich daraus eine gute Beziehung, »sooft er dann vorbeikam, kehrte er bei ihr zum Essen ein«, heißt es. Aber das reicht der Frau noch nicht. Sie schlägt ihrem Mann vor, ein Gastzimmer einzurichten, und sie plant es für eine lange Zeit. Denn während sonst auf dem Flachdach des Hauses für Durchreisende eine Hütte aus Reisig aufgestellt wird, wird hier ein Dachzimmer ausgebaut mit festen Mauern und einer geradezu luxuriösen Einrichtung. Während sonst der einfache Mann sich zum Schlafen auf den Boden legt und mit seinem Mantel zudeckt, während er sich zum Sitzen hinhockt, soll es Elischa bequem haben. Er bekommt ein Bett, einen Tisch, Stuhl und Leuchter. Und Elischa nimmt dieses verlockende Angebot gern an. Seine Besuche häufen sich, »ständig« kommt er vorbei, wie selbstverständlich geht er dann in sein Zimmer.

Man fragt sich natürlich sofort, welche Rolle dieser häufige Gast im Haus dieser vornehmen Leute spielt. Er wird doch das häusliche Leben der beiden ziemlich durcheinandergebracht haben. Alle drei müssen sie eine Beziehung zueinander finden. Davon kann das Verhältnis der beiden Eheleute nicht unberührt bleiben. Was spielt sich da also ab? Der biblische Text enthält sich, wie meistens, jeden Urteils, jeder Wertung. Er berichtet, was passiert: Elischa bedankt sich, indem er der Frau einen Sohn verheißt. (Auch die Gastfreundschaft, die Abraham den drei durchreisenden Männern gewährt, wird mit einem Sohn belohnt, Gen 18,10-14.) Das Kind wächst heran und wird auf dem Feld vom Hitzschlag getroffen. Es stirbt. Die Mutter holt sofort Elischa herbei. Dieser erweckt es zum Leben und gibt ihn seiner Mutter zurück. Aber wir heute können diese Ereignisse nicht so losgelöst betrachten. Wir möchten die Menschen auch in ihren Beziehungen verstehen und fragen uns, warum sie sich so verhalten und was sie dabei empfinden. Und da stellen sich vor allem folgende Fragen: In welchem Verhältnis steht die Frau zu Elischa? Wie steht Elischa zur Frau? Und wie steht die Frau zu ihrem Mann, ja welche Rolle spielt er in der ganzen Geschichte? Die Funktion des Kindes ergibt sich dann von selbst.

Ist es eine Dreiecksgeschichte? Für uns heute ist es nichts Ungewöhnliches mehr, wenn einer der Partner außerhalb der Ehe noch eine andere Beziehung hat. In der Bibel ist so etwas undenkbar. Sexualität ist zwar für den biblischen Menschen selbstverständlich. Aber die Ehegesetze sind unumstößlich. Zwar darf ein Mann mehrere Frauen haben, aber niemals darf eine Frau ein Verhältnis zu mehr als einem, ihrem eigenen, Mann eingehen. So etwas kommt einfach nicht vor. Um so interessanter ist für uns das Zusammenspiel dieser drei Personen.

## Die Schunemiterin

Fangen wir bei ihr an. Sie steht zwischen den beiden Männern, sie steht im Mittelpunkt. Von ihr geht die Initiative aus. Sie will Elischa kennenlernen. Sie nötigt ihn, bei ihr zu essen. Was unsere Übersetzungen mit »nötigen« (Zürcher Bibel) und »dringend bitten« (Einheitsübersetzung) wiedergeben, heißt in der hebräischen Sprache »umfassen«. Die Frau »umfaßt« ihn, damit er bleibt, so wie sie später (4,27) seine Füße umfaßt, um ihn zu bitten, mit ihr zum toten Sohn zu kommen. Irgend etwas fasziniert sie an Elischa. Er ist ihr so wichtig, daß sie ihn unbedingt in ihrem Haus haben will. Ihr Drängen geht über die übliche orientalische Gastfreundschaft hinaus. Sie hat etwas Zwingendes, Besitzergreifendes an sich. Auch Umschmeicheln und Umsorgen kann den anderen einengen. Man kann jemanden auch so umarmen, daß ihm die Luft ausgeht. Elischa kann sich dieser Frau nicht entziehen, und er will es wohl auch nicht, sonst wäre er nicht immer öfter wiedergekommen.

Vordergründig will sie, daß er bei ihr ißt und wohnt und es sich gut sein läßt. Aber die Begründung, mit der sie ihrem Mann den Ausbau des Gastzimmers plausibel macht, läßt darauf schließen, daß sie auch etwas für sich erwartet. Der Erzähler sagt, sie hätte bemerkt, daß Elischa ein »heiliger Gottesmann« ist. Es ist für die Frau bestimmt interessant, einen solchen Mann zu kennen. Zugleich erhöht diese Bekanntschaft ihr Ansehen und ihren guten Ruf in der ganzen Gegend. Sie wäre ja töricht, wenn sie die Chance nicht wahrnähme, von einem so bedeutenden Mann zu profitieren. Außerdem bringt er willkommene Abwechslung in ihr wenig attraktives Frauenleben in der Kleinstadt.

Aber es ist wohl auch die Nähe zum Göttlichen, die ihn so anziehend macht. Denn durch ihn fließt Segen auch auf sie über (vgl. Gray 495). Deshalb begegnet sie ihm mit äußerster Ehrerbietung. Vom Diener herbeigerufen, »tritt sie vor ihn« (4,12). Mit diesem Ausdruck »vor jemanden treten«, »vor jemandem stehen« ist jeweils ein Abhängigkeitsverhältnis angesprochen. Der, dem man gegenübertritt, ist ein Höhergestellter. So ist die Schunemiterin »ängstlich besorgt« (4,13), seine Heiligkeit nicht zu verletzen. Darüber hinaus scheint Elischa für die Frau auch so etwas wie ein spiritueller Führer, ein Guru oder »Seelsorger« zu sein. Sonst würde sie nicht an jedem Sabbat und am Neumondstag zu ihm reiten. Neumond und Sabbat werden in der vorexilischen Zeit oft nebeneinander genannt (Am 8,5; Jes 1,13). Es sind Ruhetage, an denen nicht gearbeitet werden darf. Der Neumondstag ist zusätzlich ein religiöses Fest, mit einem feierlichen Zeremoniell ausgestattet (Ps 81,4), an dem man Jahwe Opfer darbringt und seinen Propheten zuhört. Sicherlich reitet die Schunemiterin regelmäßig zu Elischa, um bei ihm in seiner »Prophetengemeinschaft« ihre geistigen und spirituellen Bedürfnisse zu befriedigen. Er ist für sie die Autorität in allen heiligen und religiösen Dingen geworden. Deshalb wendet sie sich auch nach dem Tod des Sohnes entschlossen und beharrlich an ihn und läßt sich nicht mit einem Vertreter abspeisen. Wenn jemand ihr helfen kann, dann nur er. Ein solches Vertrauen setzt natürlich auch eine große Verehrung und Zuneigung voraus. Und so kann die Schunemiterin alle ihre Gefühle, ihre ganze Sehnsucht in diese Beziehung einbringen. Sie verlagert ihren emotionalen Standort hin zu Elischa.

## Ihr Mann

Er spielt keine Rolle. Ist er so großzügig, daß er die jahrelange Beziehung seiner Frau toleriert, oder hat er gar nichts zu sagen? Manche Exegeten vermuten deshalb, er sei eine literarisch spätere Hinzufügung. Ursprünglich sei es nur um das Wunder der Auferweckung gegangen, und zwar habe es sich um den einzigen Sohn einer Witwe gehandelt. Damit hätte die Geschichte einen sozialen Hintergrund gehabt. Es ist die Frage, warum sie dann um den Mann und Vater erweitert wurde. Wahrscheinlich doch, um zu zeigen, daß die Frau in geordneten Verhältnissen lebt, damit ihre intensive Beziehung zu Elischa keine Mißverständnisse weckt. Mit der späteren literarischen Hinzufügung dieser Figur hängt vielleicht auch zusammen, daß es in der Person des Mannes kleine Widersprüche gibt. Einmal heißt es, er sei alt, deshalb könne die Frau kein Kind mehr von ihm bekommen (4,14), ein anderes Mal, er gehe mit den Schnittern zur Feldarbeit (4,18). In der Geschichte bleibt er eine blasse Erscheinung.

Er bekommt nur zweimal Gelegenheit, etwas zu sagen. Das eine Mal befiehlt er seinem Knecht, das kranke Kind zu seiner Mutter zu bringen. Das andere Mal, als ihn seine Frau beauftragt, einen Esel und einen Diener zu schicken, damit sie zu Elischa reiten könne, fragt er naiv: »Warum willst du gerade heute zu ihm? Es ist ja weder Neumond noch Sabbat.« Daß seine Frau den Gottesmann regelmäßig besucht, damit scheint er sich abgefunden zu haben. Ihre Entscheidung, ein Gastzimmer einzurichten, nimmt er auch wortlos hin. Ob ihm wirklich nicht die Idee gekommen ist, seine Frau könne sich da eine gute Möglichkeit für intimere Beziehungen schaffen? Auch zur Verheißung des Sohnes sagt er nichts, als ob er daran nicht beteiligt wäre. Er fragt nicht und protestiert nicht. So viel Gutmütigkeit ist fast schon trottelhaft. Welcher Mann läßt sich so behandeln?

Ein gemeinsames Leben zwischen ihnen scheint nicht mehr stattzufinden. Sonst würde die Frau nicht alles Wichtige vor ihm verbergen. Als der Sohn gestorben war, legt sie ihn auf das Bett des Gottesmannes im Gastzimmer, schließt die Tür ab, wahrscheinlich, damit seine Seele nicht entflieht, und macht sich unverzüglich auf den Weg zu Elischa. Sie fordert zwar von ihrem Mann Diener und Esel, aber sie sagt nicht, was sie vorhat. Ihr Mann weiß offenbar noch gar nicht, daß das Kind tot ist. Sonst würde er nicht so erstaunt fragen, warum sie denn »gerade heute« zu Elischa will, wo doch weder Sabbat noch Neumond sei. Er wundert sich auch nicht darüber, daß sie erst am Nachmittag losreitet, wo doch die Wegstrecke von Schunem zum Karmel ungefähr 25 km beträgt. Und sie würdigt ihn auch keiner Antwort, sondern sagt: »Schalom«, das heißt: »Schon gut!« und reitet los. Offensichtlich fürchtet sie, ihr Mann könnte mit Jammern, Klagen und Fragen ihren Plan durchkreuzen oder sie doch zumindest aufhalten. Dann wäre die Hilfe von Elischa gefährdet. Sie trifft ihre Entscheidungen selbst, braucht weder den Rat ihres Mannes noch sein Verständnis oder gar seinen Trost. Die beiden haben sich auseinandergelebt. Sie traut ihm offenbar nicht mehr viel zu. Er ist zum Befehlsempfänger geworden, sie ist die Herrin im Haus. Und sie hat ihr ganzes Interesse längst auf Elischa gerichtet.

## Und Elischa?

In welcher Beziehung steht er zu der Schunemiterin? Zur Gastfreundschaft sagt er ja und läßt sich in dem gepflegten Haus gern verwöhnen. Weiteren Umgang jedoch möchte er nicht mit ihr haben. Ist das nicht die Rolle des Seelsorgers bis heute? Gesellschaftlich verkehrt er durchaus mit Frauen, emotional aber darf es ihn nichts kosten. Bei der Verehrung und Liebe, die die Schunemiterin für Elischa empfindet, ist man ja doch erstaunt, wie unsensibel und abweisend er sich ihr gegenüber verhält. Sie kannten sich über Jahre hin, und doch redet er – nach dem Text – nur zweimal direkt mit ihr. Beidemal handelt es sich um das Gastgeschenk, den Sohn. Das eine Mal bietet er ihn ihr an, das zweite Mal gibt er ihn ihr zurück. Dies geschieht unwillig, barsch und im Befehlston: »Hier, nimm deinen Sohn!« (4,36). Es war ihm wohl lästig, in Ordnung bringen zu müssen, was er ihr eingebrockt hatte. Und auch an der ersten Stelle spricht er zu ihr nur einen Satz: »Im nächsten Jahr um diese Zeit wirst du einen Sohn liebkosen« (4,16). Auch wenn man berücksichtigt, daß eine gewisse Härte durch die zwei hier zusammengeflossenen Überlieferungen in die Erzählung kommt, ist dieses Verhalten verwunderlich.
Beidemal läuft darüber hinaus die Kommunikation über den Diener Gehasi. Von ihm wird die Schunemiterin regelrecht herbeizitiert. Als ob es sich nicht um seine langjährige Gastgeberin handelte, fordert Elischa Gehasi auf, »diese Schunemiterin« zu rufen. Das ist ungehörig, verächtlich und demütigend. Er selbst läßt sich nicht dazu herab, mit ihr ausführlicher zu reden. Gehasi zieht er ins Vertrauen, mit ihm überlegt er, wie er sich der Schunemiterin

erkenntlich zeigen könnte. Ihr selbst teilt er lediglich das Ergebnis der Beratung mit seinem Diener mit, und sie »steht vor ihm«, beziehungsweise in der Tür, und wartet brav, was sie beschlossen haben. – Oder sollte am Ende sein barscher Ton nur die wirkliche Beziehung zur Frau verdecken, so wie sich oft heimlich Liebende in der Öffentlichkeit verhalten, als kennten sie sich nicht?
Aber er scheint sich wirklich nicht viel für sie zu interessieren. Das zeigt sein erster Vorschlag, wie er ihr für die Gastfreundschaft danken könnte. Er könne sich beim König oder Feldhauptmann für sie einsetzen, sagt er. Er denkt wahrscheinlich an eine Steuerermäßigung. Stolz weist die Schunemiterin dieses Hilfsangebot ab, sie hat bei ihren Verwandten genug Schutz und Sicherheit. Das bringt Elischa in Verlegenheit. Aber auch als er ihr den Sohn ankündigt, wehrt sie ab: »Nein, mein Herr, mache doch deiner Magd nichts vor!« (4,16). Diese Worte von ihr überraschen. Die Schunemiterin zweifelt wohl kaum daran, daß der Gottesmann dazu in der Lage ist, ihr ein solches Versprechen zu machen und die Einlösung zu garantieren. Man versteht die Stelle wohl auch falsch, wenn man darin eine Zurückweisung seines Angebots sieht.
Es ist vielmehr wie bei Sara (Gen 18,12-15). Auch sie reagiert mit Zynismus auf die Ankündigung der drei Männer, die Abraham gastfreundlich bewirtet hatte, sie werde übers Jahr einen Sohn bekommen. Das ist psychologisch gut nachvollziehbar. Wenn man sich etwas über die Maßen wünscht und ersehnt, fürchtet man gleichzeitig, eine Enttäuschung nicht ertragen zu können, und stellt deshalb die Erfüllung des Wunsches in Frage. Deshalb ruft eine so große Verheißung bei der Schunemiterin eine Gegenreaktion hervor. Daß sie tatsächlich eigentlich nichts lieber als einen Sohn (gehabt) hätte, macht 4,28 deutlich. Als sie nach seinem Tod verzweifelt die Füße von Elischa umfaßt, wirft sie ihm vor: »Habe ich denn einen Sohn von meinem Herrn erbeten? Habe ich dir nicht gesagt, du sollst mir keine falschen Hoffnungen machen?« Selbst in dieser Situation spricht Elischa nicht mit ihr,

sondern läßt Gehasi für sich sprechen. Und nur ihrer Klugheit und Beharrlichkeit ist es zu verdanken, daß er mit ihr nach Schunem geht. Sie schwört nämlich, ihn unverrichteter Dinge nicht zu verlassen, und sie tut das mit denselben Worten, mit denen Elischa seinerzeit Elija geschworen hat, bei ihm zu bleiben: »So wahr der Herr lebt, und so wahr du selbst lebst, ich verlasse dich nicht« (2Kön 2,2.4.6). Damit erinnert sie ihn an seine Pflicht als Gottesmann.
Allerdings ist er auch in einer fatalen Lage. Schließlich ist er schuld an der Verzweiflung der Schunemiterin. Außerdem steht seine Glaubwürdigkeit auf dem Spiel. Wie stünde er als Prophet und Gottesmann da, wenn er mit seiner Verheißung gescheitert wäre! Es bleibt ihm deshalb nichts anderes übrig, als dieses Unglück aus der Welt zu schaffen, und damit hat er Mühe genug. Zweimal muß er sich auf den Jungen legen, um ihm neues Leben einzuflößen. Dazwischen geht er im Zimmer umher, um sich ihm erneut zu nähern. Erst das zweite Mal beginnt das Kind zu niesen, ein Zeichen dafür, daß es wieder lebt. Und zwar niest es siebenmal, was bei der symbolischen Bedeutung der Zahl Sieben bedeutet: Es ist geschafft. Auffällig ist, wie anstrengend die Erweckung des Jungen für Elischa ist. So gut sind vielleicht seine Beziehungen zu Jahwe gar nicht. Sonst würde dieser ihm nicht wichtige Dinge verbergen (4,27). Elischa hatte jedenfalls keine Ahnung, warum die Schunemiterin zu ihm kommt und was geschehen ist. Andere Gottesmänner stehen jedenfalls besser da, zum Beispiel Abraham, von dem Jahwe sagt: »Sollte ich Abraham verbergen, was ich tun will?« (Gen 18,17). Mit der Autorität, die die Schunemiterin in ihm sieht, ist es vielleicht gar nicht so weit her.

## Das Kind

Welche Rolle spielt der Junge in dieser Geschichte? Außer daß er auf dem Feld in der Hitze über Kopfschmerzen klagt und dann auf dem Schoß der Mutter an den Folgen eines Hitzschlags stirbt, ist nichts weiter von ihm bekannt. Es wird über ihn geredet, von ihm berichtet. Er selbst bleibt passiv, ein Zeichen dafür, daß er auch literarisch nur dazu dient, daß an ihm ein Exempel statuiert wird. Er ist als Figur blaß wie sein Vater. Fast könnte man Mitleid mit ihm haben, er kommt einem verloren vor zwischen all den Erwachsenen. Er führt ja auch ein Leben, das eigentlich nicht geplant war, das er einer Laune, einem Gefühl der Dankbarkeit verdankt. Er ist nicht gewollt, ersehnt und erwartet, sondern er ist Lohn für die guten Taten seiner Mutter, die ihn zunächst nicht einmal haben will. Das reicht wohl nicht aus, um ein eigenes Leben zu führen. Es ist fast schon vorauszusehen, daß dieses Kind verkümmert.

Wessen Kind ist er eigentlich? Die Beziehung, die die Schunemiterin zu ihrem alten, langweiligen Mann hat, läßt kaum vermuten, daß die beiden, nur weil Elischa es so will, zusammen schlafen. Ist es Gehasis Kind? Schließlich ist die Idee, der Frau ein Kind zu schenken, von ihm. Es ist also sein Verdienst, und er kann sich durchaus als Urheber betrachten, auch wenn er an der Frau selbst kein Interesse hat. Er benimmt sich sogar ihr gegenüber ausgesprochen unfreundlich und abweisend. Als die Schunemiterin nach dem Tod ihres Sohnes verzweifelt vor Elischa niederfällt und ihn um Hilfe bittet, kommt er, um sie wegzustoßen – so wie immer die unteren Chargen ihre Chefs vor der Zudringlichkeit der Bittsteller schützen (vgl. Mk 10,13 par.).

Kein Wunder, daß die Schunemiterin ihn ablehnt. Geradezu brüskierend ist es, wie sie ihn abblitzen läßt (4,26). Als er sie, die so unerwartet auftaucht, wiederum als Sprachrohr Elischas fragt, wie es ihr gehe, wimmelt sie ihn ebenso ab wie ihren Mann: »Alles gut!« Sie will gar nicht mit ihm reden; das hält sie nur auf.

Gehasi wirkt kühl und benimmt sich ungeschickt. Natürlich hat er auch keine Macht, Wunder zu tun. Elischa schickt ihn stellvertretend zum toten Kind. Er ist ausgerüstet mit Elischas Stab – ein Phallussymbol und auch in der Bibel ein männliches Attribut,

Ausdruck von Macht und Prestige (Mose: Ex 4,1-4; 17,8-13) –, aber zaubern kann er damit nicht. Magie führt nicht zum Erfolg. Gehasis Funktion erschöpft sich darin, Medium zu sein zwischen der Schunemiterin und Elischa. Nur die Idee der Vaterschaft stammt von ihm, sonst nichts.
Ist Elischa der Vater? Einiges spräche dafür. Elischa kommt in das vornehme Haus und lernt eine Frau kennen, die einsam ist, in ihrer Ehe unbefriedigt, emotional bedürftig. Was ihr fehlt, ist Zuwendung und Liebe. Er bringt ihr bei seinen häufigen Besuchen die Aufmerksamkeit entgegen, die sie entbehrt. Die äußere Gelegenheit für eine intime Vertrautheit, das Gastzimmer, zu dem sonst niemand Zutritt hat, ist günstig. Er ist es schließlich auch, der will, daß sie schwanger wird, sie selbst will es nicht und macht ihm dafür später bittere Vorwürfe (2Kön 4,28). Es ist auffallend, daß er sie nur als Mutter sieht. Beide Worte, die er direkt an sie richtet, haben mit ihrem Muttersein zu tun. Sie hingegen sieht in Elischa nur den Mann und die geistliche Autorität. Für eine Vaterschaft des Elischa spräche auch die ausschließliche emotionale Bindung der Schunemiterin an ihn und auch die volle Verantwortung, die Elischa für das Kind übernimmt. Doch das sind Vermutungen, die hinter dem geschriebenen Text liegen. Für sie gibt es nur gewisse Indizien.
Vielleicht darf man sagen: Das Kind hat überhaupt keinen Vater. Und die späte Mütterlichkeit der Mutter erschöpft sich in der dramatischen Rettungsaktion. Offenbar ist der Junge nicht um seiner selbst willen da; er hat vielmehr eine bestimmte Funktion in der Erwachsenengeschichte. So werden ja bis heute oft Probleme der Eltern über die Kinder ausgetragen.

## Im Mittelpunkt steht die Frau

Es geht in dieser Geschichte, so meine ich, nicht nur um eine Bestätigung des Elischa, sondern auch um einen Klärungsprozeß für die Frau. Und dieser betrifft nicht nur die Beziehungen zu ihrem Mann und zu ihrem »Gottesmann«, sondern auch sie selbst. Das zeigt sich, wenn man Anfang und Ende der Geschichte miteinander vergleicht. Da gibt es eine gegenläufige Richtung. Sehr eindrucksvoll ist die Schunemiterin zu Beginn eine »große« Frau, emanzipiert, selbstbestimmt, die Herrin des Hauses. Zum Schluß wirft sie sich vor Elischa zu Boden. Zunächst will sie nicht Mutter sein und fürchtet zu Recht die Verletzungen, die damit verbunden sind, zuletzt aber nimmt sie das Kind an. Am Anfang ist sie eine Opponentin gegen die Männer (ihren Mann, Gehasi, zum Teil auch Elischa), zum Schluß huldigt sie Elischa. Sie fällt ihm zu Füßen und verneigt sich bis zur Erde. Am Anfang ist Elischa ihr zu Dank verpflichtet, am Ende bedankt sie sich bei ihm, ist demütig und klein. Immer mehr wird die Schunemiterin auf ihr Muttersein reduziert. Das ist die patriarchale Sicht des biblischen Schriftstellers, die Elischa in der Geschichte vertritt. Er weiß, was für die Frau gut ist und setzt es durch. Sie wird gar nicht gefragt, ob sie damit einverstanden ist, es wird über sie verfügt. Das ist die eine Richtung. Aber darüber darf man die innere Entwicklung der Schunemiterin nicht übersehen: Sie gewinnt immer mehr an menschlicher Reife, an Weichheit und Lebensnähe. Ihre Schroffheit verfliegt, sie rebelliert nicht mehr und hat ihren Stolz abgelegt. In einer Art »Einsicht in die Notwendigkeit« übernimmt sie ihre Verantwortung als Mutter. Das muß man nicht als Verkümmerung und Regression verstehen, das ist auch ein Lebensprozeß, der zu Toleranz und Gelassenheit führt. Auch so betrachtet, ist das Kind der Katalysator. »Kind« bedeutet, psychologisch gesehen, neues Leben und Hoffnung. Es ist deshalb kein Wunder, daß die Geschichte hier aufhört und mit ihr die Beziehung zu Elischa. Ihre Wege gehen auseinander. Sie ist eine andere geworden, aber bleibt im Haus zurück. Er ist geblieben, wie er war, aber geht nach Gilgal, wo er Vorsteher einer Prophetengemeinschaft wird.

## Doch eine Dreiecksgeschichte

Irgendwie ist es am Ende doch eine Dreiecksgeschichte, allerdings nicht so vordergründig, wie wir es gemeinhin verstehen. Die Ehe der reichen Leute in Schunem war spannungslos und langweilig geworden. Es fehlte an Abwechslung und Anregung. Da war eine Außenbeziehung von einem der Partner abzusehen. In der Regel konnte sie sich damals nur der Mann leisten. Er nahm sich dann eine neue Frau oder Nebenfrau.

Die Konstellation in unserer Geschichte ist für die Frau ein Glücksfall. Wir erfahren nichts über einen sexuellen Kontakt. Daß ihre Beziehung zu Elischa allerdings stark erotisch ist, läßt sich aus ihrem Verhalten schließen. Beide verstehen und ergänzen sich gut. Die Frau sorgt für Elischas leibliches Wohl, verwöhnt ihn und schenkt ihm Geborgenheit, er ist für sie der Vielgereiste, Interessante, durch den sie teilnimmt am Leben der weiteren Welt, und er regt sie geistig und spirituell an. Das läßt eher auf eine gute Feundschaft schließen, die in einer sehr individuellen Ausprägung gelebt wird. Der Mann der Schnunemiterin duldet diese Beziehung, aus welchen Gründen auch immer. Und damit gibt er der Frau die Chance, sich zu entfalten und weiterzuentwickeln. Diese Chance wird manifest in der Gestalt des Kindes. In diesem Prozeß muß der Mann nicht unbedingt der Verlierer sein. Es kann eine belebende, ja herausfordernde Wirkung von der Beziehung zwischen Elischa und der Schunemiterin ausgehen, die die Ehe stabilisieren könnte. Er könnte sich auch, als alter Mann, entlastet fühlen in der Verpflichtung, dafür zu sorgen, daß es seiner Frau gut geht. Für die Frau jedenfalls ist die Beziehung zu Elischa eine große Bereicherung. Eine Katastrophe muß ein Dreiecksverhältnis nicht unbedingt sein.

# Partnerschaft damals und heute

Ursprünglich sollte das Wort »Partnerschaft« im Titel des Buches stehen. Im Verlauf der Arbeit habe ich jedoch davon Abstand genommen. Denn »Partnerschaft« ist ein moderner und komplexer Begriff. Ihn auf die Beziehung zwischen Mann und Frau in der biblischen Zeit anzuwenden käme mir gewaltsam vor. Man geriete schnell auf eine falsche Fährte.

Wir verbinden heute mit Partnerschaft sehr unterschiedliche Vorstellungen. Zum einen ist dieser Begriff – verständlicherweise – stark feministisch bestimmt: Die Frauen fordern Ebenbürtigkeit und Gleichberechtigung, und zwar in allen persönlichen und gesellschaftlichen Bereichen, ohne qualitative oder quantitative Differenzierung. Partnerschaft, so ist ihre Überzeugung, ist nur dann gegeben, wenn Mann und Frau materiell und emotional voneinander unabhängig sind, wenn sie sich nicht brauchen oder gebrauchen, um eigene Bedürfnisse zu befriedigen. Auf dieser Basis werden im einzelnen die Rechte und Pflichten ausgehandelt und Abgrenzungen vorgenommen. Die emotionalen Bindungen sind dann meist zweitrangig. Eine so verstandene Partnerschaft konnte es natürlich bei den Israeliten nicht geben.

Andere Vorstellungen von Partnerschaft haben vor allem viele junge Menschen. Da gibt es kaum einen, der nicht in einer partnerschaftlichen Beziehung leben möchte. Partnerschaft ist wie eine Verheißung. Zwar möchte man auch hier unabhängig bleiben und scheut vor festen Bindungen zurück. Dennoch verlegt man die Sinnfindung für das eigene Leben und auch für die Beziehung sehr häufig in den anderen. Alle Liebe, aber auch alle Sorgen, alle Hoffnungen und Erwartungen wirft man auf den Partner; Geborgenheit, Nähe und Halt sucht man bei ihm. Aber damit ist jeder

Partner überfordert. Die Beziehung gerät unter einen Zwang, dem sie nicht gewachsen ist. Und sie kostet viel Mühe, viele Diskussionen und ist mit Risiken belastet. Immer wieder muß ausgehandelt werden, nach welchen Normen und Spielregeln man leben will. Auch diese Art von Partnerschaft war dem biblischen Menschen fremd.

Jedoch genügen beide Zielvorstellungen – Abgrenzung und Selbstbehauptung auf der einen, emotionale Erfüllung auf der anderen Seite – nicht, um eine gute Partnerschaft zu leben. Es fehlt das Gemeinsame und die Gegenseitigkeit. Daß ein Zusammenleben gelingt, dazu bedarf es der engagierten Teilnahme aneinander und der Verantwortung füreinander. Einzeln kann jeder auch in einer Partnerschaft verlorengehen. Geben und Nehmen, Verzichten und Einfordern, Sichdurchsetzen und Nachgeben, Lieben und Geliebtwerden, Verwöhnen und Verwöhntwerden – beide müssen beides können und beides dürfen.

So gelebte Partnerschaft gibt es natürlich in jeder guten Beziehung, in der man sich mit Achtung begegnet und Respekt, Rücksicht, Zusammengehörigkeitsgefühl und Vertrauen das gemeinsame Leben bestimmen. Und das gilt heute genauso, wie es früher gegolten hat, ob es sich nun um eine eheliche oder um eine nichteheliche Gemeinschaft handelt.

Eine solche Partnerschaft war auch dem biblischen Menschen nicht fremd. Auch damals konnten Beziehungen von Gleichheit, Wertschätzung, Liebe und Gemeinsamkeit geprägt sein. Das zeigt zum Beispiel die Ehe von Hanna und Elkana (1Sam 1). Elkana sind die inneren Werte und ein harmonisches Zusammenleben wichtiger als die Erfüllung der Pflicht, für Nachkommen zu sorgen.

Was es in der Bibel nicht gibt, ist eine geplante und reflektierte, eine bewußt gestaltete Partnerschaft. Die damaligen Mann-Frau-Beziehungen waren in den Rahmen der patriarchalen Gesamtordnung eingespannt. Sie wurden nicht hinterfragt, sowenig wie bis zum Beginn unseres Jahrhunderts die Institution Ehe zur Diskus-

sion stand. Sehr wahrscheinlich konnten die Partner damals auch ihre Konflikte kaum gemeinsam lösen. Ein Mann hatte da andere Möglichkeiten als die Frau. Er konnte die Frau entlassen oder vergessen (wie David) oder seine Position als Mann ausnutzen (wie Lot). Die Frau hingegen setzte ihren Charme und ihre Klugheit ein (wie Abigajil) oder ließ in ihrer Selbstsicherheit Konflikte gar nicht erst auftreten (wie die Frau von Schunem).
Es erscheint mir deshalb sinnvoll, von *Paarbeziehungen* zu sprechen. Sie stehen im jeweiligen sozialen Kontext, werden aber individuell gestaltet (etwa bei Manoach und seiner Frau).
Wie wir erleben die biblischen Menschen miteinander Liebe und Ablehnung, Vertrauen und Skepsis, Zärtlichkeit und Verletzung, Glück und Einsamkeit, aber in einer Vielfalt von Beziehungsformen: Polygamie und Monogamie; die Frau als Besitz des Mannes oder als emanzipierte Lebensgefährtin; leidenschaftliche Liebe außerhalb der Ehe, aber auch »geordnete Verhältnisse«, die an religiösen und gesellschaftlichen Normen ausgerichtet sind; Freundschaft neben der Ehe und verantwortliche Zusammenarbeit zwischen Mann und Frau.

Gerade die Pluralität der Beziehungen in der Bibel sollte uns ermutigen, neue eigene Wege zu gehen und die richtigen Formen zu suchen, um verantwortlich miteinander zu leben.

# Literatur zum Thema

Die einschlägigen Kommentarreihen zum Alten Testament sind nicht aufgeführt.
Abgesehen vom Hohenlied, dem ich unsere eigene Übersetzung zugrunde lege (s. Literatur: Haag/Elliger), verwende ich die Einheitsübersetzung der Heiligen Schrift, © 1980 Katholische Bibelanstalt, Stuttgart. Geringfügige Abweichungen dienen zur Verdeutlichung.
Die hier genannten Autoren sind im Buch nur mit Namen und Seitenzahl zitiert.

Bucher, A., Bibelpsychologie. Psychologische Zugänge zu biblischen Texten, Stuttgart 1992

Dijk-Hemmes, F. van, Die große Frau aus Schunem, in: K. Walter (Hg.), Zwischen Ohnmacht und Befreiung, Freiburg 1988, 62-70

Dohmen, Ch., Schöpfung und Tod. Die Entfaltung theologischer und anthropologischer Konzeptionen in Gen 2/3, Stuttgart 1988

Drewermann, E., Dein Name ist wie der Geschmack des Lebens. Tiefenpsychologische Deutung der Kindheitsgeschichte nach dem Lukasevangelium, Freiburg 1986 (= Drewermann 1)

Drewermann, E., Strukturen des Bösen. Teil 1: Die jahwistische Urgeschichte in exegetischer Sicht, Paderborn 1988 (= Drewermann 2)

Ebach, J., Ist es »umsonst«, daß Hiob gottesfürchtig ist?, in: E. Blum u.a. (Hg.), Die hebräische Bibel und ihre zweifache Nachgeschichte, Festschrift R. Rendtorff, Neukirchen 1990, 319-335

Egli, H., Das Schlangensymbol. Geschichte, Märchen, Mythos, Olten 1982

Elliger, K., Debora, »Mutter in Israel«, in: K. Walter (Hg.), Zwischen Ohnmacht und Befreiung, Freiburg 1988, 53-61

Elliger, K., Simson der Held, in: G. Miller/F. Niehl (Hg.), Von Babel bis Emmaus. Biblische Texte spannend ausgelegt, München 1993, 162-176

Frank, K.S., Artikel Hoheslied, in: Reallexikon für Antike und Christentum Bd. 16, Stuttgart 1994, Sp. 58-87

Gerstenberger, E./Schrage, W., Frau und Mann, Stuttgart 1980

Görg, M., Richter, Neue Echter Bibel, Würzburg 1993

Gray, J., 1 and 2 Kings. A Commentary, London [3]1977

Groß, H., Ijob, Neue Echter Bibel, Würzburg 1986

Groß, W./Kuschel, K.-J., »Ich schaffe Finsternis und Unheil!« Ist Gott verantwortlich für das Übel?, Mainz 1992

Haag, H., Vor dem Bösen ratlos?, München 1978

Haag, H./Elliger, K., »Wenn er mich doch küßte...«. Das Hohe Lied der Liebe, Solothurn/Düsseldorf [2]1995

Heister, M.-S., Frauen in der biblischen Glaubensgeschichte, Göttingen [3]1990

Jacobi, M., Scham-Angst und Selbstwertgefühl. Ihre Bedeutung in der Psychotherapie, Olten 1991

Jellouschek, H., Semele, Zeus und Hera. Die Rolle der Geliebten in der Dreiecksbeziehung, Stuttgart 1987

Jonas, H., Der Gottesbegriff nach Auschwitz, Frankfurt 1984

Kämpfer, H., Freundschaft. Zur Entwicklung des Wunsches nach einem Dritten, Wege zum Menschen 40, 1988, 1, 19-24

Keel, O., Das Hohelied, Zürcher Bibelkommentare AT 18, Zürich 1986

Keel, O./ Uehlinger, Ch., Göttinnen, Götter und Gottessymbole. Neue Erkenntnisse zur Religionsgeschichte Kanaans und Israels aufgrund bislang unerschlossener ikonographischer Quellen, Quaestiones disputatae 134, Freiburg 1992

Keßler, R., »Ich weiß, daß mein Erlöser lebt«, Zeitschr. f. Theol. u. Kirche 89, 1992, 139-158

Lang, B., Artikel Ijob, in: Neues Bibel-Lexikon II, Zürich 1992, 214-219

Langenhorst, G., Hiob unser Zeitgenosse. Die literarische Hiobrezeption im 20. Jahrhundert als theologische Herausforderung, Mainz 1994

Nilsson, M.P., Geschichte der griechischen Religion, Bd. 1, München 1955

Oelmüller, W., Worüber man nicht schweigen kann. Neue Dikussionen zur Theodizeefrage, München 1994

Pettinato, G., Das altorientalische Menschenbild, Heidelberg 1971

Praetorius, I., Anthropologie und Frauenbild in der deutschsprachigen evangelischen Ethik seit 1945, Gütersloh 1993

v. Rad, G., Das erste Buch Mose, Genesis. Das Alte Testament Deutsch, Göttingen [11]1981

Schroer, S., In Israel gab es Bilder, Orbis Biblicus et Orientalis 74, Fribourg/Göttingen 1987

Schüngel-Straumann, H., Die Frau am Anfang. Eva und die Folgen, Freiburg 1989

Schweizer, H., Biblische Texte verstehen. Arbeitsbuch zur Hermeneutik und Methodik der Bibelinterpretation, Stuttgart 1986

Soggin, J.A., Bemerkungen zum Deboralied, Theol. Lit. Zeitschr. 106, 1981, 625-639

Steffen, U., Drachenkampf. Der Mythos vom Bösen, Stuttgart 1984

Stolz, F., Das erste und zweite Buch Samuel. Zürcher Bibelkommentare AT 9, Zürich 1981

Teichert, W., Gärten. Paradiesische Kulturen, Stuttgart 1986

Trible, Ph., Gegen das patriarchalische Prinzip in Bibelinterpretationen, in: E. Moltmann-Wendel (Hg.), Frauenbefreiung, München/Mainz 1978, 93-117

Weiser, A., Das Deboralied. Eine gattungs- und traditionsgeschichtliche Studie, Zeitschr. f. alttest. Wiss. 71, 1959, 67-97

Westermann, C., Genesis 1-11, Biblischer Kommentar zum Alten Testament I/1, Neukirchen 1974, [3]1983

Wiesel, E., Adam oder das Geheimnis des Anfangs. Brüderliche Urgestalten, Freiburg [2]1994

Willi, J., Die Zweierbeziehung, Reinbek 1975 (rororo 1990)

Zenger, E., Das Alte Testament ist eindeutig gewaltkritisch. Wechselbeziehung zwischen altorientalischem Kontext und eigenem Verstehenshorizont, Herder-Korrespondenz 47, 1993, 505-511

# Register der Schriftstellen

# Personen- und Sachregister

**Bildquellen**

Die Abbildungen in diesem Buch stammen alle von HAP Grieshaber. 